# DE LA LOI CINCIA — DE L'INSINUATION

EN DROIT ROMAIN

## DE LA
# TRANSCRIPTION DES DONATIONS

EN DROIT FRANÇAIS

## THÈSE POUR LE DOCTORAT

PAR

Victor COUPELON

Avocat.

# PARIS

IMPRIMERIE MOQUET

11, RUE DES FOSSÉS-SAINT-JACQUES, 11

1887

# DE LA LOI CINCIA — DE L'INSINUATION

## EN DROIT ROMAIN

# DE LA
# TRANSCRIPTION DES DONATIONS

## EN DROIT FRANÇAIS

# THÈSE POUR LE DOCTORAT

Soutenue le Jeudi 30 juin 1887, à 1 heure

PAR

## Victor COUPELON

Avocat.

Président : M. Duverger, Professeur

| | | |
|---|---|---|
| SUFFRAGANTS | MM. Labbé | PROFESSEURS |
| | Michel (Henry) | |
| | Larnaude | AGRÉGÉ |

**PARIS**

IMPRIMERIE MOQUET

11, RUE DES FOSSÉS-SAINT-JACQUES, 11

1887

# INTRODUCTION

Tout le monde, sauf de rares exceptions, en butte à
des entraînements passagers, admet la propriété indi-
viduelle et la considère comme le fruit du travail.
Étant l'œuvre de l'homme, elle doit être à lui sans réserve comme un droit absolu. L'homme peut consommer ce qu'il possède comme il l'entend, le détruire
même sans profit pour personne; il doit donc pouvoir
en disposer en faveur d'autrui. La propriété et le travail seraient d'un bien faible service, si chacun devait
consommer toute sa production, et rien que sa production. Mais leur utilité devient considérable dès
qu'on admet la faculté de transmission. Il faut que l'individu puisse donner ce qu'il a produit, et, à son tour,
recevoir une partie de la production des autres. Ce
droit, l'homme le possède d'une façon aussi absolue
que le droit de propriété lui-même, dont il est un mode
d'exercice.

Il peut se manifester par des dispositions entre-vifs,
ou à cause de mort. Nous laissons de côté ce second
point de vue.

Le droit de donner entre-vifs est reconnu par toutes

les législations; mais elles le soumettent toutes à un certain nombre de restrictions, qui sont du reste très justifiables.

La société, en effet, est composée d'éléments divers, d'intérêts differents, que le législateur doit protéger autant que faire se peut. Il ne suffit pas qu'une faculté soit basée sur le droit naturel, pour qu'on lui laisse son libre exercice sans aucune réglementation; mais si elle peut conduire à des résultats pernicieux et faire naître des conflits, il est du devoir des législateurs de les prévenir dans la mesure du possible, sans qu'on puisse l'accuser d'avoir dirigé ses mesures contre le principe lui-même.

Toute la matière des donations est dominée par cette idée. La loi a cherché à protéger tous les intérêts en jeu. Mais ce résultat a été obtenu peu à peu par des mesures successives.

Il y avait à soutenir trois intérêts bien distincts. Celui du donateur, celui de la famille, et enfin celui de la société.

Le premier que la loi ait eu en vue, est celui du donateur; elle a craint les entraînements irréfléchis de la nature humaine et voulut rendre plus difficile la perfection d'actes pouvant avoir leur source dans un excès de générosité, que celui qui les a accomplis regretterait peut-être plus tard. L'ancienne loi romaine entoura les grosses donations de formalités et de conditions, ne leur permettant d'avoir une efficacité, qu'avec la volonté bien arrêtée du donateur. D'après la loi Cincia, la donation devait être complètement exécutée (nous verrons comment dans le courant de cette étude), pour que le donateur ne puisse revenir sur ses actes. Tel est le principe que nous développerons plus tard. Lorsque cette loi fut tombée en désuétude, cette protection se manifesta par la nécessité de l'insinuation. Mais la protection du donateur n'en est pas le but principal. A l'époque coutumière, elle réapparaît dans la maxime « donner et retenir ne vaut » reproduite dans toutes les coutumes (art. 274, cout. de Paris ; 228, cout. de Bretagne ; 155, cout. d'Auvergne ; 228, cout. d'Orléans, etc.).

D'après l'art. 274 de la coutume de Paris : « C'est donner et retenir, quand le donateur s'est réservé la puissance de disposer librement de la chose donnée, ou qu'il demeure en possession jusqu'au jour du décès. » D'Aguesseau interprétait ainsi cette maxime (*Œuv.*, tome IX, let. 289) : « Tout ce que cette maxime signifie est que le donateur ne peut se réserver ni la propriété des choses données dans le temps qu'il la donne, ni le droit d'en priver le donataire quand il le jugera à propos. »

Nous y trouvons deux règles :

1° Le donateur doit abandonner complètement la propriété de la chose donnée;

2° Il doit en abandonner la jouissance, mais il suffit

que cette seconde condition soit remplie à l'époque de son décès.

Nous trouvons là à peu près les mêmes conditions que celles de la loi Cincia ; un transport de propriété et un dessaisissement complet. Quelles raisons en donnait-on ? Charondas, sur l'art. 274 de la coutume de Paris, écrit : « La raison est que celui qui a donné, s'il se réserve la disposition de la chose donnée ou demeure en possession d'icelle, est réputé se repentir de la donation et la révoquer. » On ne peut indiquer plus nettement, que c'est le même motif que celui de la loi Cincia, qui a fait naître notre maxime. La donation ne sera valable et inattaquable, qu'autant que l'intention libérale du donateur sera bien affirmée. La nécessité du dessaisissement fait qu'on ne donne pas avec autant d'inconsidération. Il y a toujours au fond de la nature humaine, nous sommes obligé de la reconnaître, un peu d'égoïsme ; quelque léger qu'il soit, on hésitera à se dépouiller, si l'abandon de ses biens doit être immédiat et irrévocable. Si le donateur pouvait retirer plus tard au donataire les avantages qu'il lui a faits, il aurait beau jeu à être généreux, étant sûr de pouvoir se repentir avec efficacité.

Notre maxime a donc été introduite à l'origine, comme a écrit Eusèbe de Laurière dans ses notes sur Loysel (*Inst. cout.*, liv. IV, tit. IV, règ. V), « en faveur des donateurs afin que connaissant la perte qu'ils vont faire, ils soient moins faciles à se dépouiller. »

Et non seulement le motif est le même que celui de la loi Cincia, mais nous trouvons les mêmes effets. Delalande, sur l'art. 283 de la coutume d'Orléans, l'indique comme jurisprudence générale et ajoute : « si le donateur n'a pas déclaré qu'il se dessaisit de la chose et transporte la possession au donataire, celui-ci ne peut agir pour le faire condamner à la délivrance. » D'après la loi Cincia le donataire peut agir, mais il sera repoussé dans son action.

Il y a donc une grande analogie entre la loi Cincia et notre maxime, mais nous verrons cependant des différences au point de vue des personnes protégées. La règle donner et retenir ne vaut fut reproduite dans les ordonnances ; et si elle n'est pas littéralement exprimée dans le Code civil, les conséquences du principe qu'elle contenait y sont formulées (art. 894 et 943 à 946). Pour donner une plus grande sécurité à l'irrévocabilité de la donation, les rédacteurs du Code ont comme ceux des ordonnances, exigé des conditions de formes. L'acte doit être authentique, il doit en rester minute. Par l'authenticité de l'acte, on garantit l'indépendance de la volonté du disposant.

Le second intérêt à protéger, celui de la famille, avait d'abord été laissé un peu de côté ; nous verrons en effet que la loi Cincia perdait son efficacité à la mort du donateur : « morte Cincia removetur ». Il est vrai que, d'un autre côté, elle favorisait cet intérêt en n'entourant pas les donations, faites à certains parents, des mêmes formalités que celles faites à des étrangers.

La protection offerte par l'insinuation était plus efficace, la donation non insinuée étant nulle; nous ne croyons pas devoir insister ici sur ce point, qui fera l'objet d'une partie de notre étude.

Sous la période coutumière, la maxime « donner et retenir » avait été inspirée par cet intérêt. Argou (*Inst. au dr. fr.*, t. I, p. 272) l'explique comme il suit : « Les coutumes ont permis de disposer de tous les propres par donations entre-vifs, parce qu'il arrive rarement, qu'un homme veuille se dépouiller lui-même pendant sa vie et s'ôter la liberté de disposer de son bien; et, néanmoins, s'il veut le faire, la coutume le lui permet, ne voulant pas l'obliger à avoir plus d'égards pour ses héritiers, qu'il n'en a pour lui-même; mais la coutume ne lui permet de disposer par testament, que d'une partie de ses propres. La raison de ces coutumes est la conservation des biens dans les familles ». Ainsi, l'intérêt personnel du donateur était la sauvegarde de celui de ses héritiers et, dès que cet intérêt disparaissait, la coutume qui avait en vue un intérêt plus général et plus élevé, le garantissait par le système des réserves coutumières.

Tel est aussi le sentiment de Pothier (*Traité des don. entre-vifs*, sect. II, art. 2). Après avoir expliqué que la maxime a été introduite dans les ordonnances et en avoir donné le sens, il ajoute : « L'esprit de notre droit incline à ce que les biens demeurent dans les familles et passent aux héritiers ; les dispositions sur les propres, les réserves coutumières le font assez connaître ». Les ordonnances continuèrent donc les traditions de la coutume et y ajoutèrent la garantie du droit romain en exigeant l'insinuation ; mais, ici, l'intérêt du donateur est laissé de côté. C'est celui de la famille et de la société qui prédomine.

En effet, nous verrons que l'insinuation, telle qu'elle était réglementée par les ordonnances, n'avait aucune influence sur les rapports du donataire avec le donateur. Ce dernier était exclu du droit d'en opposer le défaut. Ses héritiers (et encore ceci ne fut pas admis sans contestation) et les tiers intéressés purent s'en prévaloir.

Enfin, dans notre législation, la famille est protégée indirectement par les mesures de garantie qui entourent le donateur lui-même, et surtout par la réglementation de la quotité disponible et de la réserve. Quant à la transcription, nous verrons qu'elle n'a pas été établie pour elle. L'intérêt seul des tiers a été en vue.

Quant à eux, toutes les mesures de publicité qui ont entouré les donations, et les entourent encore, leur offrent des garanties aussi grandes que possible. En droit romain, c'étaient les anciens modes de transférer la propriété qui arrivaient à constituer cette publicité, puis ce fut l'insinuation. En droit coutumier, ce fut comme conséquence de notre maxime, la nécessité de la tradition, les règles sur la saisine, sous les ordonnances l'insinuation, et enfin la transcription.

Telles sont, à grands traits, les garanties dont la loi a entouré les donations ; nous allons essayer de les exposer dans le courant de cette étude, en nous attachant surtout à celles qui concernent la publicité. La maxime donner et retenir ne vaut, sera donc un peu laissée de côté ; aussi avons-nous cru devoir y insister dans cette introduction pour indiquer les fluctuations de la législation en cette matière. (Cons. sur la règle donner et retenir ne vaut, une étude de M. Albert Desjardins, *Rev. crit.*, tome XXXIII, p. 207.)

Nous verrons qu'un grand nombre de législations étrangères reproduisent la nôtre.

# DROIT ROMAIN

## DE LA LOI CINCIA — DE L'INSINUATION

1. Les restrictions à la liberté des donations que nous allons étudier ici n'étaient pas les seules ; nous trouvons encore la prohibition des donations entre époux, que nous laisserons de côté, nous bornant à nous y reporter lorsque le silence de la loi sur notre question nous y obligera. Les raisons qui ont déterminé le législateur à admettre cette prohibition étant les mêmes que celles qui l'ont conduit à la restriction qui nous occupe, ce renvoi sera très légitime.

# PREMIÈRE PARTIE

## DE LA LOI CINCIA

### CHAPITRE PREMIER

#### QU'ENTENDAIT-ON EN DROIT ROMAIN PAR DONATION?

2. Il est nécessaire, pour bien comprendre la restriction apportée par la loi Cincia, de préciser ce qu'on entendait par donation en droit romain, et comment on arrivait à l'exécution de cet acte juridique.

Pris dans un sens large, le mot donation signifie toute libéralité (L. 1, D., liv. XXXIV, titre V) : « Dat
« statim aliquis ea mente ut statim velit accipientis
« fieri et propter nullam aliam causam facit quam ut
« liberalitatem et munificentiam exerceat. »

Nous trouvons dans ce texte deux éléments de la donation : intention libérale chez le donateur et ac-

quisition de quelque chose par le donataire, c'est-à-dire un bénéfice quelconque obtenu :. droit de propriété, créance, libération, peu importe. Tel était le sens du mot *donatio* dans le langage ordinaire. Mais tout acte de ce genre n'était pas soumis aux restrictions énoncées plus haut, et qui font l'objet de cette étude. Nous en trouvons la preuve dans un texte d'Ulpien (D., liv. XXXIX, titre I, L. 5, § 8). Dans ce texte, Ulpien suppose qu'un mari a donné un bien à sa femme pour sa sépulture ou réciproquement, et décide que la donation est valable malgré la prohibition des donations entre époux ; et quelle raison en donne-t-il? C'est que l'acte manque d'un des caractères exigés pour l'application de la prohibition : « eam donationem im-
« pediri solere quæ et donantem pauperiorem et acci-
« pientem facit locupletiorem », or ici on ne peut admettre qu'il y ait enrichissement. La prohibition ne s'appliquait donc pas à toute donation, mot pris dans un sens large, mais aux donations remplissant certaines conditions. Nous verrons ces conditions.


§ 1. *Comment doit se manifester l'intention libérale*
*du donateur.*


3. A. *Acte positif*. --- Il faut intention libérale du donateur : mais cette intention doit-elle être

manifestée par un acte positif, ou bien une simple omission suffit-elle? Par exemple y a-t-il donation soumise
aux restrictions, dans l'inaction d'un propriétaire qui
n'interrompt pas une usucapion? La question est traitée
dans la loi 44, pr., D., XXIV, 1. — Nératius suppose
qu'un étranger a donné de bonne foi à une femme un
bien appartenant à son mari, le mari et la femme ne
connaissant pas le véritable propriétaire; la femme
usucapera. Pas de difficulté jusque là. Il n'y a pas de
donation entre époux. Tout se passe entre la femme et
le donateur. Le jurisconsulte suppose ensuite que le
mari et la femme apprennent quel est le véritable propriétaire, avant que la femme ait usucapé, et que le
mari ne veut pas interrompre l'usucapion Il se demande s'il y a là donation et si la possession de la
femme ne sera pas interrompue. Il faut admettre, ré-
pond-il, qu'il n'y a là aucun empêchement à l'acquisition par la femme. Toutes causes d'acquisition ne sont
pas défendues entre mari et femme, mais seulement
celles basées sur la donation. Il ne faut donc pas voir
de donation dans une simple omission.

4. Il y a cependant un cas où l'omission suffit pour
constituer une donation prohibée. C'est celui prévu
dans la loi 5, § 6, D., XXIV, 1. « Si donationis causa
« vir vel uxor servitute non utatur, puto amitti servi-
« tutem : verum post divortium condici posse ». La
servitude est éteinte, mais il y a enrichissement par

cause prohibée, puisqu'on accorde une *condictio*. Cependant on voit dans ce texte cette idée, qu'on ne peut assimiler une simple omission à un acte positif au point de vue de la donation; car si on l'assimilait, l'acte étant considéré comme inexistant, la servitude ne serait pas éteinte. Mais pourquoi accorder une *condictio*. C'est qu'ici l'omission seule procure un bénéfice qu'il suffirait d'un seul acte d'usage pour empêcher l'extinction. La femme est enrichie par la libéralité seule du mari et il est légitime de lui accorder une *condictio* pour obtenir le remboursement de cet enrichissement. Dans le cas précédent, au contraire, l'enrichissement n'est pas dû seulement à l'inaction du mari, mais encore à des actes de la femme, à sa possession : il suffirait que la femme fût dépossédée accidentellement même sans que son mari intervînt, pour que l'usucapion fût arrêtée.

Nous trouvons une solution analogue dans la loi 1, pr., D., XXIII, 5. Cette loi suppose qu'un mari n'ayant pas fourni la *cautio damni infecti* pour un immeuble dotal, le voisin a été envoyé en possession et a usucapé. Il devient propriétaire malgré la loi Julia *De fundo dotali quïa hæc, alienatio non est voluntaria* : parce que cette aliénation ne résulte pas de la seule volonté du mari.

En résumé, si le bénéfice résulte uniquement de l'omission il y a donation : mais si l'omission seule ne suffit pas pour le procurer, s'il faut un acte d'une autre

personne que de celle du donateur il n'y a pas donation.

5. Il faut l'assentiment du donateur, mais faut-il aussi
celui du donataire, son acceptation est-elle exigée ?
Nous ne le pensons pas. Nous trouvons en effet des
exemples de donations faites sans le consentement du
donataire. La loi 10. *De don.* suppose que l'on a donné
une chose à l'esclave de quelqu'un et le jurisconsulte
décide que le propriétaire de l'esclave deviendra propriétaire de la chose sans le savoir, si telle est l'intention de l'auteur de la libéralité. Cette donation rentre
dans la catégorie des donations prohibées entre époux ;
la règle s'appliquant aux donations faites à des personnes placées sous la puissance du conjoint (L. 3, § 4
et s. L. 24, 1.) — De même la loi 14, *De don.* suppose
des dépenses faites par un tiers pour la culture d'un
champ, sans intention de les réclamer, et qualifie cet
acte de donation. Mais ce sont là des cas exceptionnels
et en pratique nous trouvons presque toujours le consentement des deux parties.

6. B. *Appauvrissement du donateur.* — Pour qu'il y
ait donation, il faut encore qu'il y ait appauvrissement
du donateur, perte d'un droit acquis. Il ne suffirait pas
qu'il y eût perte d'une occasion de s'enrichir. Ainsi il
n'y aura pas donation dans une renonciation à un legs
pour en faire profiter une autre personne. C'est la solution donnée dans la loi 5, § 13, liv. XXIV, tit. I. Si un mari
institué héritier répudie l'hérédité, pour faire une

donation, Julien décide que la donation est valable et le jurisconsulte en donne une raison qui s'applique à tous les actes de ce genre : « Neque enim pauperiorem fit « qui non adquirat sed qui de patrimonio suo depo- « suit » ; on n'est pas rendu plus pauvre en manquant occasion d'acquérir, mais en faisant sortir quelque chose de son patrimoine.

7. C. *Enrichissement du donataire.* — Une autre condition exigée pour l'application des restrictions est l'enrichissement du donataire : c'est-à-dire acquisition d'un droit nouveau et non pas seulement assurance de l'exercice d'un droit existant. Ainsi quelqu'un ne fait pas une donation en cautionnant une dette existante, même si le débiteur n'est pas solvable (L. 1, § 19, D., liv. XXXVIII, tit. V). « Neque enim donavit « aliquid mihi, si pro aliquo intervenit qui non fuerit « solvendo ». Nous trouvons cette condition exprimée dans la loi 5, § 8, liv. XXIV, tit. I, qui permet la donation par un époux à son conjoint d'un lieu destiné à sa sépulture et la raison donnée par le jurisconsulte est qu'il n'y a pas enrichissement du donataire : « Porro hic non « vidatur locupletior in ea re quam religioni dicavit »; et dans le paragraphe suivant nous retrouvons cette idée : jusqu'à la mort du donataire, le lieu donné *manet donantis.* Il y aurait eu, en effet, enrichissement si le transfert de propriété s'était opéré au moment de la donation.

Les caractères de la donation dans le sens où nous le prenons étant déterminés, voyons comment on arrivait à la réaliser.

### § 2. *Comment on réalisait une donation.*

8. La simple convention de donner n'avait en elle-même aucune force juridique, au moins avant Justinien. Jusqu'à cette époque, en effet, les Romains essentiellement formalistes, ne donnaient de valeur juridique qu'à quelques actes déterminés et exécutés suivant certaines formes. L'emploi seul de ces formes pouvait donner naissance à une action. Or il n'y avait donation au sens strict du mot qu'autant qu'une action était née pour obtenir la chose promise, ou bien encore une défense pour en conserver le bénéfice.

Plusieurs moyens étaient offerts : c'était un transfert de propriété, *mancipatio, in jure cessio, traditio* selon que la chose était *mancipi* ou *nec mancipi* ; ou bien encore un engagement par un contrat *verbis aut litteris* ; une extinction de dette par *acceptilatio* ou pacte *de non petendo*. On pouvait encore employer la délégation. Je délègue mon débiteur à un tiers à qui je ne dois rien, ou bien je m'engage à la place d'un tiers envers son créancier ; ou bien sur mon ordre mon débiteur s'engage envers le créancier de celui que je veux gratifier.

# CHAPITRE II



MÉCANISME DE LA LOI CINCIA

9. Nous allons examiner maintenant le mécanisme
de la loi Cincia en faisant l'application de ces principes.
Cette loi, rendue en l'an 539 ou 540 de Rome, divisa les
donations en deux classes :

1° Les donations inférieures à un certain taux, ou
bien supérieures à ce taux, mais faites à certaines personnes désignées spécialement par la loi comme échap-
pant à son application (*personæ exceptæ*).

2° Les donations supérieures à ce taux et faites à
des personnes non exceptées.

Pour les premières, la loi Cincia n'apporta aucune
modification à l'ancien droit. C'est seulement pour les
secondes que nous trouvons un régime nouveau.

10. Deux systèmes sont proposés. D'après M. de
Savigny (*Traité de droit romain*, t. IV, p. 202), les donations supérieures à ce taux seraient complètement
interdites. « Les grandes donations étaient absolument prohibées, et alors les formalités particulières

étaient seulement établies pour les petites. » M. de Savigny, comme conséquence, admet une condition particulière indépendante de l'erreur au profit du donateur qui a exécuté.

Dans un autre système, et c'est celui que nous adoptons avec M. Machelard (*Rev. crit. de lég.*, t. XLV, p. 305), il n'y a pas prohibition, mais simplement facilité pour le donateur de revenir sur la donation.

Maynz (*Traité des oblig.*, p. 338) hésite entre les deux systèmes et ne se prononce pas :

« Il est difficile de se prononcer dans cette controverse, car si la dernière de ces deux opinions paraît plus conforme à l'esprit des dispositions légales que nous connaissons, il n'est pas à méconnaître que les termes généraux, que nous trouvons constamment employés en cette matière, militent en faveur de l'opinion contraire. »

Nous traiterons de cette question dans le § 1 de ce chapitre.

11. D'abord, quel était le taux de la loi (*modus*)? On ne peut répondre d'une façon précise à cette question, d'ailleurs peu importante pour l'exposé de la théorie. Les uns le déterminent d'après la fortune des parties ; dans un second système, il s'élève à un chiffre déterminé, et, en troisième lieu, on le fait varier selon les liens de parenté existant entre le donateur et le donataire. Mais ne nous arrêtons pas à cette question.

12. Les fragments du Vatican, qui du reste nous

fourniront des renseignements importants sur la matière (§ 298-303), répondent à la seconde question : Quelles sont les personnes exceptées?

A. *Personnes exceptées*. — Les cognats, jusqu'au cinquième degré, et ceux qui sont en leur pouvoir. Certains alliés, beau-frère, belle-sœur, beau-père et les époux dans les cas où la donation était permise. Etaient encore exceptés le tuteur qui donnait à son pupille ; le cognat qui voulait doter une femme, à quelque degré qu'il soit. La loi Cincia ne prohibait pas les donations de la seconde classe, mais les soumettait à certaines formalités. Lorsque la donation avait été accomplie (*perfecta*), c'est-à-dire qu'il n'y avait plus aucun lien de droit entre le donateur et le donataire, notre loi n'avait aucun effet. Mais tant qu'un lien de droit existait, qu'il restait une action à exercer ou une défense à opposer résultant de la donation, la loi était applicable et s'exerçait par une *exceptio* ou *duplicatio legis Cinciæ*.

13. B. *Donation par dation*. — Supposons une chose *mancipi* comme faisant l'objet de la donation. Cette donation sera parfaite si la chose a été mancipée par le donateur au donataire et la tradition faite. Aucun lien ne subsiste plus entre ces deux personnes, la loi Cincia n'a pas d'application (fr. Vat., § 813). « Donatio « prædii, quod mancipi est, inter non exceptas per- « sonas traditione atque mancipatione perficetur. »

Donc si ces conditions manquent, la donation n'est pas parfaite.

Ainsi prenons l'hypothèse où la chose n'a pas été encore livrée, mais seulement mancipée. Le donataire devenu propriétaire par la mancipation, a une action en revendication pour obtenir la remise de la chose. Cette action sera repoussée par l'*exceptio legis Cinciæ*.

De même, si la chose est livrée sans être mancipée, le donataire est en train par l'usucapion d'acquérir le domaine quiritaire. Le donateur encore propriétaire revendique la chose, on lui répond par l'*exceptio rei donatæ et traditæ*.

Mais cette exception sera repoussée par une *duplicatio legis Cinciæ* (fr. V., § 311). « Sed in personæ non « exceptæ sola mancipatio non perficit donationem », et § 313 déjà cité. La suite de ce fragment nous donne la solution du cas où il s'agit d'une chose *nec mancipi* : *ejus vero quod non mancipi est traditione sola*. La tradition suffit pour les choses *nec mancipi*.

14. Si nous supposons un objet mobilier mancipé et livré, ou simplement livré, selon qu'il est *mancipi* ou *nec mancipi*, la donation n'est pas encore parfaite ; le donateur peut se faire mettre en possession par l'interdit *utrubi*, s'il a possédé plus longtemps que le donataire, pendant l'année qui précède l'exercice de l'interdit. Le donataire revendiquera, mais il sera repoussé par l'*exceptio legis Cinciæ*. La donation n'est donc parfaite pour les objets mobiliers, qu'autant que

les interdits ne peuvent plus être exercés efficacement.
C'est ce que nous trouvons au fragment 311 : « In re-
« bus mobilibus exigitur ut et interdicto utrubi supe-
« rior sit is cui donata est. »

15. Ainsi on pouvait se dépouiller irrévocablement
et sur-le-champ de ses immeubles à titre gratuit, mais
pour les meubles la chose ne pouvait se faire qu'à six
mois d'intervalle. C'est là un système bien bizarre qui
rend plus difficile la donation de meubles que celle
d'immeubles. Aussi M. Machelard (*op. cit.*, p. 325) ne
peut admettre que le tribun Cincius ait apporté une
conception aussi peu rationnelle. Son but était de
mettre le donateur à l'abri de l'action s'il voulait invoquer une exception. « Les jurisconsultes s'empa-
rèrent des règles relatives à la possession des meubles
pour en faire une application qui permit de mettre en
jeu l'exception de la loi Cincia » (p. 313), et, plus loin :
« Il y a là un expédient imaginé par les jurisconsultes
« romains peu enclins à favoriser les donations, et j'es-
« time que la légitimité de cet expédient ne peut pas
« échapper à la censure d'une critique philosophique »
(p. 325). Ce résultat est bizarre, en effet, mais nous n'y
trouvons que l'application des règles du droit romain,
et un argument en faveur de notre principe que la loi
Cincia avait son effet tant qu'un lien de droit existait
encore entre le donateur et le donataire.

16. C. *Donation par un contrat verbis.* — Une donation peut encore se réaliser par un contrat *verbis aut*

*litteris*, une promesse de donner. Le donataire devient alors créancier du donateur et peut agir contre lui par une *condictio*. Mais cette *condictio* sera repoussée avec succès par l'*exceptio legis Cinciæ*. Il pourrait se faire que le promettant croyant être resté *intra modum* ou s'être engagé envers une *persona excepta*, ait exécuté sa promesse : n'aura-t-il plus aucun recours? Nous avons posé en principe que la loi Cincia avait son effet tant qu'un lien de droit existait entre les deux parties. Or, dans l'hypothèse présente, nous trouvons un payement fait par erreur, et nous savons d'autre part que le droit romain permettait la répétition de ces payements sous certaines conditions :

Par une *condictio indebiti*, lorsqu'il y avait payement de l'indû par erreur, et que l'action par laquelle on pouvait poursuivre le payement ne conduisait pas à une condamnation au double;

Par une *condictio ex injusta causa*, lorsqu'on avait payé en vertu d'un titre nul pour violation de la loi.

Dans l'hypothèse présente, nous trouvons le payement de l'indû fait par erreur et sans danger de condamnation au double. Le donateur pourra agir par la *condictio indebiti* (§ 266, fr. V.), *unde si quis contra legem...* Si quelqu'un a payé contrairement à la loi Cincia, il pourra répéter ce qu'il a payé.

Nous trouvons là une autre bizarrerie de la loi Cincia qui permettait de revenir sur un payement fait en exécution d'une promesse de donation et non sur l'exécution immédiate d'une libéralité non précédée de promesses. Il est étrange qu'on tienne compte de l'erreur de celui qui livre ce qu'il a promis *donationis causa*, et que cette erreur n'ait aucune influence lorsqu'il s'agit d'une tradition sans promesse préalable.

17. Nous avons supposé qu'il y avait erreur de la part du donateur. Mais laissons cette circonstance de côté, et supposons que le donateur parfaitement instruit de ces droits, c'est-à-dire sachant que sa promesse dépassait le taux fixé par la loi, put refuser de l'exécuter; il a cependant payé, pourra-t-il répéter?

Le texte d'Ulpien est loin de préciser la nature de la *condictio* accordée, et sa généralité pourrait faire admettre la possibilité d'une *condictio sine causa*. L'intérêt pourtant de cette question est grand. Si, en effet, nous admettons la *condictio ex injusta causa*, nous arrivons à ce résultat, qu'une donation dépassant le *modus* de la loi Cincia ne sera jamais inattaquable; les conditions de cette *condictio* existant toujours au moins jusqu'à la mort du donateur, on pourra l'intenter jusqu'à cette époque. Et ce résultat devra rester le même que la donation soit faite pas dation, promesse, ou un quelconque des modes de la parfaire; il ne peut, en effet, y avoir de différence entre eux à ce point de vue. Le fragment 311, sur lequel nous aurons à revenir, les assimile en effet. Or, personne ne soutient qu'on puisse attaquer une donation faite par voie de dation, par la *condictio ex injusta causa*. Nous trouvons déjà, dans cette considération, un premier argument contre l'admission dans notre hypothèse de la *condictio ex injusta causa*.

On peut nous opposer un argument tiré du texte lui-même de notre fragment 266. Nous n'y trouvons mentionné, dirait-on, qu'une des conditions de la *condictio indebiti*, celle de l'*indebitum*, mais il n'y est pas question de l'erreur, il ne peut donc s'agir de cette *condictio*. La réponse est facile : le but du jurisconsulte n'a pas été d'énumérer ici les conditions nécessaires à l'exercice de la *condictio indebiti*, il a voulu seulement nous exprimer cette idée qu'il y avait *indebitum* lorsqu'une dette avait été payée, bien que le débiteur eût pu refuser de le faire en opposant une exception perpétuelle. Cette idée est répétée à peu près dans les mêmes termes dans un autre texte d'Ulpien (L. 26, § 3, D., liv. XII, tit. VI). « Indebitum autem « solutum accipimus, non solum si omnino non de- « beatur, sed et si per aliquam exceptionem perpe- « tuam peti non poterat. »

Du reste, nous avons un texte presque formel contre l'admission de la *condictio sine causa*; c'est le fragment 311 déjà cité, dans lequel le jurisconsulte Paul examine les conditions nécessaires à la perfection d'une donation ; pour les personnes non exceptées, la mancipation ou la promesse de donner ne suffit pas à la perfection de la donation ; mais, s'il s'agit de choses mobilières, il faut encore qu'elles soient livrées et que le donataire puisse triompher dans l'interdit *utrubi*; et, s'il s'agit de choses *mancipi*, il faut encore qu'elles soient mancipées. Ainsi, à ces conditions, la donation est parfaite; or, elle ne le serait pas, si on pouvait encore intenter une *condictio ex injusta causa*. Il serait inutile d'exiger ces conditions, si on avait malgré elles un moyen de faire tomber la donation. Il s'agit donc, dans notre texte, non de *condictio ex injusta causa*, mais de *condictio indebiti*.

18. D. *Donation par remise de dette*. — La donation peut s'opérer par remise de dette, soit au moyen de l'acceptilation, soit au moyen d'un pacte *de non petendo*.

*a. Acceptilation.* — Dans ce cas, il n'y aura lieu à aucune difficulté; l'acceptilation éteignant complètement les rapports qui existaient entre le débiteur et le créancier (L. 2, C., tit. XLIV, liv. VIII). « Si tu as accordé une libération par acceptilation, tout moyen d'action est détruit »; la loi Cincia n'aura pas d'effet.

19. *b. Pacte de non petendo.* — Le pacte *de non petendo* n'a pas le même effet; il n'éteint pas la dette mais fournit une exception *nudâ pactio parit exceptionem*. Cette exception sera repoussée par une réplique tirée de la loi Cincia. Le créancier donateur pourra donc refuser de tenir compte du pacte *de non petendo* et se faire payer.

Cette hypothèse a été prévue et réglée ainsi dans la loi 1, § 1, liv. XX, tit. IV.

« Cum venditor numerata sibi, parte pretii, prædium
« quod venierat, pignori accepisset, ac postea resi-

« duum pretium emptori, litteris ad eum missis donas-
« set, eaque defuncto, donationem quibusdam modis
« inutilem esse constabat ; jure pignoris fiscum frustra
« petere prædium, qui successerat in locum venditoris
« apparuit. Cujus pignoris solutum esse pactum prima
« voluntate donationis constabat ; quoniam inutilem
« pecuniæ donationem lex facit cui non est locus in
« pignore liberando. »

« Lorsqu'un vendeur ayant reçu une partie du prix
du bien vendu a reçu en gage ce même bien et qu'il a
donné le surplus du prix à l'acheteur par lettre ; et
qu'après sa mort il est certain que la donation est devenue inutile par quelque cause, il a paru que le fisc,
qui lui avait succédé, demanderait inutilement son droit
de gage, qui a été détruit par la première volonté libérale du défunt, car la loi qui rend la donation inutile ne
s'applique pas au gage qui a été libéré. »

20. Nous trouvons dans ce texte une double solution. Le fisc ne peut faire renaître le droit de gage,
mais par là même, le jurisconsulte nous indique bien
qu'il peut exercer utilement son droit de créancier : il
aurait été inutile, en effet, de nous dire que le
droit de gage ne peut pas être exercé par lui, s'il ne
peut pas exercer son droit de créancier. Maintenant, le
cas prévu par le texte est-il celui de la loi Cincia ? Il
semble tout d'abord qu'il n'y ait rien de précisé à cet
égard : *quibusdam modis inutilem*, nous dit-il. Cependant
les deux mots *prima voluntate* nous indiquent bien qu'il

s'agit de notre loi. Quelle est, en effet, l'hypothèse : c'est que le donateur a eu une première volonté, celle de donner ; puis il s'est repenti ; le mot *prima* était inutile, en effet, si cette première intention n'avait été suivie d'une autre. Dans ce texte nous trouvons ces idées : de donation, inutilité de cette donation avec repentir de l'avoir faite. Or, la loi Cincia avait pour but de permettre à un donateur irréfléchi de revenir sur sa première détermination, s'il se repentait de l'avoir prise ; hypothèse qui concorde très bien avec celle de notre texte. La loi Cincia pouvait donc s'exercer dans le cas de donation opérée par un pacte *de non petendo*.

21. E. *Donation par délégation.* — Supposons une donation s'apérant par délégation ; il semble que notre loi Cincia ne puisse pas avoir d'application. Aucun lien ne subsiste entre le donateur et le donataire. La délégation exécutée opère, en effet, une novation et la donation est absolument parfaite. L. 2, § 2, liv. XXXIX, tit. V : « Lorsque, voulant faire une donation à Titius, je t'aurai donné l'ordre de lui promettre cette somme, parce que tu voulais me faire donation de la même somme, la donation est parfaite entre toutes les personnes ».

22. Cependant, nous trouvons deux textes prévoyant deux cas de donation par délégation, dont la solution est contraire à ce principe. Nous allons les étudier : C'est d'abord la loi 21, D., § 1, liv. XXXIX, titre V, qui prévoit le cas où, voulant faire une dona-

tion, j'ai donné l'ordre à mon débiteur de s'engager envers vous. Le jurisconsulte se demande, dans une première partie, si mon débiteur pourra vous repousser, sous prétexte que la donation dépasse le *modus*, et il répond négativement : la délégation est, en effet, considérée comme une double opération. Mon débiteur est censé m'avoir payé ; puis je vous ai donné la somme, et, à votre tour, vous la lui avez prêtée ; entre lui et vous il n'y a donc plus qu'un rapport de débiteur à créancier. Jusque là, rien de contraire à la théorie que nous avons exposée ; mais, dans une seconde partie, le jurisconsulte suppose que moi, donateur, je veuille attaquer cette donation comme dépassant le *modus*, et il me le permet, par une action rescisoire contre mon débiteur pour ce qui dépasse le *modus* (s'il n'a pas encore payé), « pour qu'il reste engagé envers toi seulement pour le surplus, et par une *condictio* contre toi pour ce qui dépasse le *modus* s'il t'a payé ». Ainsi, ce texte accorde donc une action, bien que la loi Cincia ne puisse s'exercer que par exception.

Mais, qu'en résulte-t-il ? Simplement ceci, qu'il ne s'applique pas à la loi Cincia tel qu'il est, et qu'il a été modifié lors de son introduction au Digeste. Nous trouvons, du reste, la preuve de cette affirmation dans cette circonstance, qu'il n'y est question que de ce qui dépasse le *modus* ; or, la loi Cincia permettait la non exécution, non pas de cette partie seulement, mais de la donation tout entière. Telle est l'opinion de M. Machelard (*Rev. crit.*, tome XLVI, p. 673).

D'après M. Gide (*De la délégation*, p. 412, n° 3), il ne faut voir là qu'une opinion personnelle du jurisconsulte, voulant accorder une protection à celui qui fait une donation par délégation.

23. On peut, cependant, expliquer ce texte, mais il faut supposer des circonstances qui n'y sont pas indiquées. Nous avons déjà vu que l'exécution d'une promesse de donner contrairement à la loi Cincia donnait lieu à une *condictio indebiti* lorsqu'il y avait erreur de la part du donateur. De même, dans notre hypothèse, nous pouvons admettre qu'il s'agit d'une *condictio indebiti* accordée à celui qui, en exécution d'une promesse de donation, a fait engager son débiteur envers celui qu'il voulait gratifier, et, dans ce cas, le texte n'aurait été modifié par Justinien qu'en ce point, qu'il accorde l'action seulement pour ce qui dépasse le *modus* au lieu de l'accorder pour le tout.

24. Nous trouvons ensuite un texte de Paul qui est la loi 5, § 5, D., liv. XLVI, tit. IV. Le jurisconsulte suppose que j'ai délégué à mon créancier une personne qui voulait me faire une donation au delà du taux, et lui refuse l'exception de la loi contre ce créancier, parce que celui-ci n'a reçu que ce qui lui était dû. Mais, il donne au donateur une *condictio* contre moi pour que je le libère, ou que, s'il a payé, je lui rende la somme. Nous expliquerons ce texte comme le pré-

cédent, en supposant qu'il y a là exécution d'une promesse dans laquelle le donateur croyait rester en deçà du taux de la loi, et, par suite, donnant lieu à une *condictio indebiti*. Le texte ne mentionne pas cette circonstance, mais nous sommes obligé d'admettre qu'il a été modifié par Justinien, comme celui de Celsus que nous venons d'étudier. Justinien, il est vrai, n'y fait pas de distinction pour ce qui dépasse ou est inférieur au *modus* et l'interpolation est moins évidente.

25. Cependant, en présence d'autres textes formels qui ne permettent aucun doute sur la théorie d'après laquelle la loi Cincia ne donnait pas lieu à une action, mais seulement à une exception, nous ne pouvons la nier. Pourquoi, en effet, faire une distinction entre les donations s'exécutant par les deux cas de délégation prévus par ces textes et d'autres exemples de délégation, tels que celui de la loi 2, liv. XXXIX, tit. V, déjà cité, ou encore la loi 33, § 3, *eod. tit.*, décidant que la donation est parfaite après la promesse du délégué au délégataire. On ne peut en donner de raison. Il est donc bien plus logique d'admettre, pour ces deux cas, la théorie générale appliquée dans tous les autres, que la donation ait eu lieu par dation, remise de dette, promesse ou délégation, la loi Cincia s'appliquera de la même manière, donnant lieu à une exception, mais non à une action.

26. F. *Donation par cession de créance.* — La donation peut encore se réaliser par cession de créance.

Mais selon la rigueur des principes, les créances sont inaliénables ; l'obligation, en effet, est un rapport tout personnel qui ne peut subsister qu'entre les personnes qui ont été parties à sa formation, donc ni le créancier, ni le débiteur ne peuvent se départir sur un tiers le premier de son droit, le second de sa dette. Le créancier avait à son service la délégation, mais il fallait le consentement du débiteur cédé (L. 1, C., liv. VIII, 42). Nous avons déjà étudié ce moyen.

27. Avec le système formulaire on trouve un autre procédé. Si je veux vous mettre à ma place comme créancier, je vous confie l'exercice de mon action et vous en abandonne d'avance le résultat. Je reste créancier, l'*intentio* est en mon nom, la *condemnatio* sera en votre faveur. C'est la *procuratio in rem suam*. Supposons que le créancier soit Mævius et le cessionnaire Sempronius ; la formule était ainsi conçue : « Si paret « Numerium Negidium Publio Mævio decem millia « oportere, judex Numerium Negidium Lucio Sempro- « nio decem millia condemna, si non paret absolve. » Le cessionnaire devenait après la *litis contestatio* mandataire irrévocable. La mort même du mandant ne pouvait révoquer le mandat. Aucun lien ne subsistait plus entre le cessionnaire et le cédant, la loi Cincia n'avait pas d'application. Mais jusqu'à la *litis contestatio* le mandat était révocable ; il n'était pas besoin de recourir à la loi Cincia et le donateur qui renonçait à faire une libéralité n'avait qu'à révoquer son mandat sans recourir à notre loi Cincia.

28. La même raison explique le silence des textes sur la loi Cincia à propos de la donation à cause de mort, ces donations étaient en effet, révocables au gré du donateur.

## § 2. *But de la loi Cincia.*

29. Nous pouvons conclure de ce qui précède, que la loi Cincia n'avait pas pour but de rendre nulles les donations, mais seulement de permettre au donateur, qui s'était engagé à la légère et qui se repentait, de revenir sur son engagement et c'est en ce sens que nous interpréterons ce fragment d'Ulpien sur la loi Cincia : *Prohibet, exceptis quibusdam cognatis et si plus donatum est non rescindit.* Il ne faudrait pas traduire *prohibet* d'une façon littérale et absolue, par ces mots : elle défend ; mais par cette périphrase, elle rend plus difficile la perfection des donations *ultra modum* et à des personnes non exceptées. Dans une autre opinion au contraire, on traduit littéralement et on dit que la loi Cincia est *imperfecta* parce qu'elle défend une chose et n'en prononce pas la nullité. On s'appuie pour soutenir cette opinion sur un texte déjà cité (L. 21, § 1, D., *De donat.*) qui accorde une *condictio* à celui qui a fait engager son débiteur envers un tiers, à qui il voulait faire une libéralité, pour reprendre à ce tiers ce qu'il a reçu au delà du *modus*. Nous avons admis que cette *condic-*

*tio* était une *condictio indebiti*, mais le texte ne précise pas et peut laisser admettre que c'est une *condictio ex injusta causa* fondée sur la nullité de l'obligation contractée au delà du *modus*. C'est par omission alors seulement que le législateur n'a pas prononcé la nullité absolue de la donation.

30. Nous n'admettons pas cette opinion; il y a en effet une grande différence entre la nullité d'une donation et l'effet de l'exception tirée de la loi Cincia. Papinien (fr. 294) nous l'indique. Il suppose une donation faite à un enfant non émancipé par son père ; le père meurt sans avoir confirmé la donation, elle est nulle. Il suppose ensuite une donation faite au delà du *modus Cinciæ*. Le donateur meurt, le donataire réclame l'exécution; on lui répond par l'*exceptio Cinciæ*, mais le donataire invoque à son tour une *replicatio doli*. Le donateur est mort avec son intention libérale, dit-on, et il l'aurait exécutée s'il en avait eu le temps. Dans l'autre cas, au contraire, la donation reste nulle.

On pourra objecter qu'il y a confirmation tacite; non, répondrons-nous, pour qu'un acte nul soit confirmé, il faut que la cause de nullité ait disparu; or, ici la situation n'est pas changée, s'il y avait cause de nullité avant la mort du donateur, elle existerait bien encore après. Mais, objecte-t-on encore, dans le cas de donation à un fils émancipé, le père peut confirmer par testament, et cependant la cause de la nullité n'a pas cessé. Oui, mais il ne faut pas considérer cet acte de dernière volonté du père comme une confirmation proprement dite, le fils ne sera plus en effet donataire, mais bien légataire.

31. De plus, une possession qui serait fondée sur une *causa injusta*, ne peut servir de base à l'usucapion, et Ulpien dans la suite de notre texte, reprenant la première hypothèse, tire cette conséquence : Si dans le partage avec son frère, on laisse par erreur à ce fils cette part qui lui a été donnée, sa possession ne pourra servir de base à l'usucapion. Au contraire, nous voyons qu'une possession fondée sur une donation *contra legem Cinciam* sert de base à l'usucapion (§ 293, fr. V.) : « Rerum autem mobilium sive moventium, si excepti « non fuistis, quæ mancipi sunt, usucapta vel manci- « pata, avocari non possunt. » On ne peut enlever les choses mobilières données à une personne, si elles ont été mancipées ou usucapées.

32. L'idée de nullité d'une donation faite *contra legem Cinciam*, ne se trouve donc nulle part dans les textes; pourquoi donc supposer que le législateur voulait la prononcer, et que c'est par une omission inexplicable qu'il ne l'a pas fait. Il est bien plus simple d'admettre que la loi Cincia est une loi *perfecta* qui atteint bien son but : entraver certaines donations, mais ne pas les prohiber.

§ 3. *Qui pouvait invoquer la loi Cincia.*

33. A. *Règle générale.* — Par qui pouvait être invoquée la loi Cincia? Nous trouvons la réponse à cette question dans le fr. 266 : « Semper exceptione Cinciæ « utipotuit non solum ipse verum ut proculeiani contra « Sabinianos putant, etiam quivis, quasi popularis sit « hæc exceptio »…..

L'exception de la loi Cincia était donc populaire, c'est-à-dire pouvait être invoquée par tout le monde; tel est le sens du mot populaire.

34. Cependant, il serait bien étrange que le mot *popularis* fut employé ici dans un sens aussi général que lorsqu'on le joint au mot *actio*. Une action populaire pouvait être intentée par toute personne. Il est vrai que la loi Cincia était d'ordre public ; cependant nous avons vu qu'elle fléchissait devant la volonté persistante du donateur de faire sa libéralité. *Exceptio popularis* a ici le sens d'*exceptio rei cohærens*, c'est-à-dire qui peut être exercée par d'autres, que celui chez qui elle a pris naissance, par tout intéressé sans qu'il y ait rapport de succession entre le donateur et celui qui se sert de l'*exceptio*, par exemple un acheteur de l'objet donné. Nous croyons cette théorie trop large, elle conduirait à des résultats bizarres. Supposons une chose

mancipée mais non encore livrée ; le donataire a perdu
la possession et les interdits, un tiers usucape l'objet
de la donation. Le tiers possesseur pourra repousser
la revendication du donataire en invoquant l'exception
*legis Cinciæ*, de sorte qu'il n'y aurait aucun moyen
d'interrompre l'usucapion de ce tiers possesseur. Ce
résultat est inadmissible. On arriverait ainsi à cette
conséquence qu'un débiteur délégué *donationis causa*,
pourrait opposer l'exception *legis Cinciæ* au délégataire, et se trouverait ainsi libéré de sa dette. Ce résultat est repoussé par la loi 21, § 1, liv. XXXIX, t. V.

35. Du reste, cette décision n'a rien de contraire
à la théorie des exceptions *rei cohærentes*. Car s'il est
vrai que les exceptions *personæ cohærentes* ne passent
jamais à d'autres personnes que celles en faveur de
qui elles sont nées, il ne serait pas exact de dire que
les exceptions *rei cohærentes* passent à tout intéressé.
C'est ainsi, par exemple, que l'exception *quod metus
causa*, née en la personne d'un fidéjusseur, n'éteint pas
l'obligation du débiteur principal (L. 14, § 6, D., liv. IV,
titre II), tandis que née en la personne du débiteur
principal elle peut être invoquée par le fidéjusseur. Ce
dernier cas est du reste, peut-être, le seul où on puisse
dire que l'exception *rei cohærentes* appartient à tous
les intéressés.

36. B. *Peut-elle être invoquée par les héritiers ?* —
*Maxime « morte Cincia removetur. »* — L'exception de
la loi Cincia peut-elle être invoquée par les héritiers du

donateur? Nous trouvons la réponse au fragment Vat., (259) *in fine, morte Cincia removetur si voluntatem non mutasset.* Ainsi, d'après ce texte, si le donateur n'a pas changé de volonté jusqu'à sa mort, cette mort confirme la donation (nous dirons plus loin dans quel sens nous entendons cette maxime) et les héritiers ne pourront invoquer l'exception. Même solution dans le § 266 : « Non solum ipse obligatus sed et hæres ejus nisi forte « durante voluntate decessit donator ». Les héritiers pourront bien invoquer l'exception, mais ils seront repoussés par une réplique de dol si le donateur a persisté. Mais faut-il la preuve de la persistance de la volonté, ou suffit-il que le donateur soit mort sans manifester d'intention contraire? A notre avis, la présomption doit être en faveur des héritiers, et, en effet, nous trouvons au § 312, fr. V, cette phrase : *imperfectam donationem perseverans voluntas per doli mali replicationem confirmet;* or une réplique doit être prouvée par celui qui l'oppose (L. 1, D., liv. XLIV, 1), *agere etiam is videtur qui exceptione utitur, nam reus in exceptione actor est,* et le dol ne se suppose du reste jamais. La maxime *morte Cincia removetur* ne doit donc pas être prise dans un sens absolu, elle n'a d'application qu'autant que le donataire prouve la persistance de volonté du défunt (M. Machelard, *Rev. crit.*, t. XLV, p. 315. — En sens contr., de Savigny, t. IV, p. 203).

37. La donation confirmée par cette volonté continuera à valoir comme donation entre-vifs, bien qu'elle

ne soit définitive qu'à partir de la mort du donateur, point commun avec la donation à cause de mort. Mais elle diffère de cette dernière, en ce que le prédécès du donataire ne la ferait pas tomber. Ainsi, supposons une donation à cause de mort et le prédécès du donataire ; ses héritiers ne pourront réclamer l'exécution de la donation. Au contraire, s'il s'agit d'une donation entre-vifs *contra Cinciam*, le prédécès du donataire importe peu ; il suffit que le donateur persiste jusqu'à sa mort dans son intention libérale, pour que les héritiers du donataire puissent demander avec succès l'exécution de la donation. Inversement la donation à cause de mort ne pouvait devenir parfaite avant le décès du donateur, tandis que la donation *contra Cinciam* aurait pu le devenir. Un texte le décide du reste formellement, c'est le § 259 (fr. V., *in fine*) : « non enim mortis causa capitur quod aliter altero donatum est, quoniam morte Cincia removetur. »

Ainsi l'exception de la loi Cincia passe aux héritiers du donateur, à moins que son intention libérale n'ait persisté jusqu'à sa mort. C'est une exception perpétuelle ; le fragment 266 ne laisse aucun doute à cet égard ; car après avoir dit qu'il y avait payement de l'indû lorsqu'on avait payé, bien qu'on pût opposer une exception perpétuelle, le jurisconsulte nous donne comme exemple un payement fait *contra legem Cinciam*.

## § 4. *Effet de la loi Cincia.*

38. L'exception de la loi Cincia invoquée avec succès absoudra complètement le donateur ; elle fera tomber la donation en entier. L'effet de la loi Cincia est basé sur ce que la volonté du donateur n'est pas bien affirmée. Or, elle ne peut être certaine pour une partie, et incertaine pour l'autre. Du reste nous tirons cette conclusion de plusieurs textes. D'abord de la loi 5, D., (§ 2, liv. XLIV, t. IV.) Le jurisconsulte Paul suppose une donation de terrain sans que la chose soit livrée ; mais le donataire construit sur ce terrain au vu et au su du donateur, qui, après la construction, se remet en possession par un moyen quelconque ; le donataire demande livraison de la chose donnée, ou lui oppose l'exception de la loi Cincia. Mais cette exception sera repoussée par une réplique de dol si le donateur ne paye pas les dépenses faites. Il est question dans ce texte de la remise totale de la chose et non d'une remise partielle. Si les dépenses sont payées, le donateur restera propriétaire de la chose entière et non de ce qui dépasse le *modus.*

On trouve des textes contraires à cette opinion (L. 21, D., *De donat.*). Mais il y a là altération du texte primitif pour le mettre d'accord avec les principes de l'insinuation.

39. Nous avons un autre texte en faveur de cette opinion et soulevant du reste une autre question. C'est la loi 34, C., liv. VIII, t. LIV, § 3 : « Si quelqu'un a fait à la même personne plusieurs libéralités et à diverses époques ; chacune d'elles ne dépassant pas le *modus*, mais leur somme le dépassant, faut-il les réunir en une seule et invoquer les règles qui les annulent? La question a été discutée par les anciens, les uns les unissant, les autres les considérant comme des donations distinctes ; il nous a paru plus humain de les considérer comme plusieurs donations distinctes et de les valider toutes, et que ceux qui ont reçu les donations, voient bien que leurs donateurs n'ont pas agi frauduleusement. » *In irritum non valeant*, soient annulées. La loi ne dit pas soient annulées pour ce qui dépasse le *modus*.

40. Nous trouvons dans ce texte une hésitation sur la question de savoir si on doit additionner des donations successives pour faire l'application de la loi Cincia, et le jurisconsulte décide qu'il est plus juste de ne pas le faire.

La même question se pose pour une hypothèse analogue, et nous trouvons les mêmes hésitations de l'ancien droit. Il s'agit de donations qui se payent par rentes annuelles, il s'agit de savoir si on doit additionner les prestations *veteres abunde varierunt* (L. 34, C., § 4, liv. VIII, t. XLIV).

§ 5. *Sous quelle forme elle peut être invoquée?*

41. La loi Cincia peut être invoquée sous forme d'exception *legis Cinciæ*, ou sous forme d'*exceptio in factum* (fr. V, § 310). « La donation est parfaite à l'égard des personnes exceptées…, parce qu'on ne peut leur opposer l'exception de la loi Cincia, ni l'exception *in factum. Si non donationis causa mancipavi vel promisi me daturum.* »

Sous forme d'exception *in jus*, elle était ainsi conçue : *Si in ea re nihil contra legem Cinciam factum sit.* Le juge devait examiner ici, si la donation ne dépassait pas le *modus*. Pour employer la forme *in factum*, il faut supposer, qu'il est admis que le litige s'est élevé sur une somme dépassant le *modus* et entre personnes *non exceptæ.* La seule question à examiner, est de savoir si c'est une donation qui est cause de la mancipation ou de la promesse.

42. Mais cette *exceptio*, qu'elle soit conçue *in jus* ou *in factum*, devait toujours être introduite dans la formule, étant fondée sur la loi et non sur l'équité. Du reste, elle ne pouvait être invoquée que dans la *rei vindicaᵗio* et une *condictio* qui sont *stricti juris*; il en résulte, que même si elle eût été de bonne foi, il eût fallu l'exprimer.

Si elle a été omise par ignorance dans la formule, le défendeur aura recours à l'*in integrum restitutio*, pourvu qu'il la demande avant que la sentence du juge soit rendue, cette exception étant péremptoire et perpétuelle.

—————

# CHAPITRE III



43. La loi Cincia avait un autre chef qui n'entre pas dans notre sujet, aussi passerons-nous rapidement dessus. D'après les anciens usages romains, les patriciens avaient l'obligation de défendre gratuitement en justice les intérêts des plébéiens. Mais ces usages n'étaient plus observés, et les patrons abusaient de leur influence pour exiger des présents de leurs clients. La loi Cincia défendait ces présents. Mais, plus tard, le secret de la jurisprudence étant divulgué, certains plébéiens s'étaient mis au courant des formules judiciaires, et essayant de défendre les intérêts des citoyens devant les tribunaux, devenaient patrons. Ce patronage différait de l'ancien, en ce qu'au lieu d'être tout honorifique, il devint une profession lucrative, et la rigueur de la loi, qui défendait de rien recevoir, la fit souvent violer. Elle fut reproduite sous Auguste avec une sanction ; une amende du quadruple de la valeur de la chose reçue. Ce sénatus-consulte ne fut pas ob-

servé. Un nouveau sénatus-consulte défendit de recevoir plus de 10,000 sesterces, sous peine d'être poursuivi comme concussionnaire. Aboli sous Néron, il fut de nouveau rétabli, puis disparut complètement sous Domitien. Trajan rendit un décret qui défendit aux plaideurs de promettre à leurs avocats avant le procès, mais permettait après le procès de recevoir des honoraires au-dessous de 10,000 sesterces. Les avocats se firent alors donner des legs, abandonner une partie de la valeur du procès. Enfin, une loi de l'empereur Anastase défendit ces transactions (Tacite, *Annal.*, XIII, 42; Pline le Jeune, *Epist.*, V, 4, 14, 21; Suét., *Nero.*, 17; D., L. 1, § 12, liv. XIII, *De ext. cog.*).

# DEUXIÈME PARTIE

---

## DE L'INSINUATION

---

### CHAPITRE PREMIER

MODIFICATIONS APPORTÉES A LA LÉGISLATION
DES DONATIONS

44. La législation que nous venons d'exposer resta en vigueur à peu près jusqu'au iv<sup>e</sup> siècle. A cette époque, le rigorisme romain s'était adouci. La mancipation et les anciennes formalités tombaient peu à peu en désuétude ; on ne les conserva pas pour les donations. Une modification s'opéra peu à peu dans leur réglementation. Nous allons l'étudier.

Un édit de Constantin, dont nous trouvons trois reproductions dans les textes, nous indique les conditions exigées à cette époque pour la perfection d'une donation. La première rédaction forme le § 249 des *Fragmenta Vat.*; la seconde est la loi 1, au Code théodosien, liv. VIII, titre XII, et, enfin, la troisième forme la loi 25 au Code Justinien, liv. VIII, titre LIV.

45. Quelles sont les formalités exigées? La première condition qui, du reste, n'est pas spéciale aux donations, est que l'acte ne contienne rien de contraire aux lois : « ut quas leges indulgent actiones, condic- « tiones, pactiones contineant. »

La seconde est l'acceptation du donataire : « vel re- « cipiantur si complacitæ sunt, vel rejiciantur si sunt « molestæ. »

Il faut, en troisième lieu, que la donation soit consignée dans un acte écrit *in conscribendis autem donationibus*, contenant le nom du donateur *nomen*, son droit, c'est-à-dire l'établissement de l'origine de sa propriété *jus*, et enfin la désignation de la chose donnée *rem*. Il ne doit pas être écrit secrètement, mais en présence de témoins, peu importe du reste sur quelle matière et par quelle main.

La donation doit être suivie d'une tradition de la chose, réelle si la chose est mobilière, et opérée par délaissement si elle est immobilière.

Enfin, la formalité qui nous occupera spécialement : « actis etiam anectendis, quæ apud judicem vel ma- « gistratus conficienda sunt », l'insertion de la donation dans les registres du juge ou du magistrat, c'est-à-dire l'insinuation.

Du reste, cette dernière formalité n'était pas une innovation de Constantin; elle avait été introduite par Constance Chlore son père (L. 1, C. Th., liv. III, tit. V). « Pater noster nullam voluit liberalitatem valere, si « actis inserta non esset ». Notre père a voulu qu'aucune libéralité ne soit valable si elle n'est insinuée. La prescription est formelle, la donation est nulle si on ne l'insinue pas. Cette loi est de Constantin.

46. La constitution de cet empereur, détaillée sur les conditions de la donation, est muette sur la sanction de ses prescriptions. Elle semble même conduire à cette conséquence bizarre que l'empereur, après avoir exigé ces conditions, permette de s'en dispenser. En effet, si nous prenons le neuvième alinéa du fragment 249, nous y trouvons : que s'il s'élève une contestation sur une donation privée du témoignage public, il ne faudra pas admettre sa validité à la légère. M. de Savigny (tome IV, § 165, p. 206) en conclut que toutes ces formalités ne sont pas absolument obligatoires, qu'elles sont tout au plus une précaution à prendre pour éviter des contestations ultérieures, mais que leur absence ne met pas en question la validité de la donation. « Quand ces formalités n'ont pas été rem- « plies, dit-il, l'acte n'est point annulé, mais le juge doit « admettre moins facilement l'existence de la donation « et contrôler les faits avec plus de rigueur qu'à l'ordi- « naire. Tout cela présente plutôt le caractère d'une « instruction que d'une loi ». Maynz, dans son *Cours de*

*droit romain*, 2ᵉ vol., p. 397, n° 30, reproduit le même système. La reproduction de cet édit au Code théodosien ne prononce pas non plus la nullité comme sanction. Ce Code est muet à cet égard.

47. Ces raisons très sérieuses et présentées par de grandes autorités ne nous paraissent pas convaincantes : elles ont été combattues victorieusement par M. Larnaude dans une étude approfondie de cette matière (thèse de doctorat).

Tout d'abord, pourquoi faire des prescriptions aussi détaillées si elles n'ont aucune sanction. Le texte des fragments du Vatican nous est parvenu dans un tel état de mutilation, qu'il est bien téméraire d'en tirer une conclusion sur ce point. Quant à celui du Code Théodosien, il est conçu dans des termes impératifs, qui semblent bien par eux-mêmes entraîner la nullité comme sanction de la violation de ses prescriptions. Il est du reste incontestable, qu'à l'époque de Justinien, l'insinuation était exigée sous peine de nullité ; or, cette innovation n'est pas indiquée dans la loi qui reproduit au Code de Justinien l'édit de Constantin ; cependant, si le législateur avait voulu faire une innovation aussi importante, il l'aurait bien indiquée. Ne devons-nous pas en conclure que cette sanction existait déjà ?

Nous avons du reste quelques textes absolument formels venant appuyer cette manière de voir. C'est d'abord la loi 1 (C. Th., liv. III, tit. V), que nous avons

déjà vue ; puis la loi 3 (C. Th., liv. VIII, tit. XII) :
« Donationes nullo alio modo firmas posse detineri
« nisi apud actorum contestationem confectæ fuerint ».
C'est enfin la loi 6 (C. Th., *eod. tit.*) : « A venerabili
« parente nostro statutum est invitas donationes esse
« quæ actorum indicia non haberent ».

En présence de ces textes, le doute ne nous paraît
plus possible.

48. La nécessité d'un acte écrit ne tarda pas à disparaître. Nous trouvons en effet, une constitution des
empereurs Théodose et Valentinien, qui forme la loi 9,
C., *De donat.* en supprimant l'obligation : « Et si sine
« scripto donatum quid fuerit, adhibitis aliis docu-
« mentis, hoc quod geritur comprobatur. » Quand
même la donation aurait été faite sans écrit, il suffirait d'apporter d'autres preuves.

49. La tradition à son tour disparut peu à peu. Tout
d'abord, nous en voyons dispenser les libéralités entre
parents et enfants (L. 4, C. Th., liv. VIII, tit. XII) :
« Valere donationes placet inter liberos et parentes...
« liberalitas probatur extitisse, licet neque mancipatio
« dicatur, neque traditio subsecuta, sed nuda tantum
« voluntas claruerit ».

Elle fut exigée pour les donations entre étrangers
(L. 7, *eod. tit.*) « Nullam donationem inter extraneos
« firmam esse si ei traditionis videatur deesse solem-
« nitas ».

En 415, l'usage s'était établi de remplacer la tradition réelle par une tradition feinte avec rétention d'usufruit ; les empereurs Théodose et Honorius l'interdirent et exigèrent une tradition réelle (L. 8, *eod. tit.*) : « Donationes debere sortiri perpetuam firmitatem « quæ corporalis traditio fuerit subsecuta, sancimus, « ne ususfructus exceptio pro traditione possit intel- « ligi ».

Mais en 417 ils abrogèrent cette décision par une constitution qui est la loi 9, *eod. tit.* : « Jus pristinum « renovamus ut quisquis rem aliquam donando…. « usumfructum ejus retinuerit etiam si stipulatus non « fuerit eam continuo tradidisse credatur, ne quid am- « plius requiratur quo magis videatur facta traditio ». Justinien reproduisit cette dernière disposition au Code (L. 28, liv. VIII, tit. LIV), et loi 35, § 5 : « Sed si « quidem in omnibus supradictis casibus ususfructus « fuerit a donatore retentus, et traditionem jure in- « telligi fieri ».

50. Avec la tradition disparut également la nécessité de la présence des témoins ; une loi de l'empereur Zénon de 478 formant la loi 31, C., liv. VIII, tit. LIV : « In donationibus, quæ actis insinuantur non esse « necessarium judicamus vicinos vel alios testes adhi- « bere. Nam superfluum est privatum testimonium ; « cum publica monumenta sufficiant ». Quant aux donations qui n'ont pas besoin d'être insinuées (c'est-à-dire à l'époque actuelle les donations *ante nuptias* inférieures à 200 solides, L. 8, C. Th., liv. III, tit. V),

elles sont valables sans la signature des témoins, lorsqu'elles sont faites par écrit. Quant aux donations
sans écrit, elles sont valables d'après la constitution
de Théodose et Valentinien.

De plus, nous ne trouvons plus dans la loi 25 au Code,
(liv. VIII, tit. LIV), reproduction de l'édit de Constantin,
les mots *scientibus plurimis* du Code Théodosien. Cette
suppression concorde parfaitement avec celle de la nécessité des témoins.

51. Enfin nous pourrions trouver le résumé de cette
exposition dans un texte des Institutes (liv. II, titre VII,
§ 2) : « Perficiuntur autem, cum donator suam volunta-
« tem scriptis aut sine scriptis manifestaverit..... et
« etsi non tradantur habeant plenissimum et perfec-
« tum robur. »

La seule formalité qui subsiste est celle de l'insinuation ; nous allons l'étudier.

# CHAPITRE II

## COMMENT ET OÙ SE REMPLISSAIT LA FORMALITÉ DE L'INSINUATION

52. L'insinuation était la copie de l'acte de donation sur les registres du magistrat. La première indication que nous en trouvons est dans la loi 1, C. Th. (liv. VIII, tit. XII, *in fine*) : *apud judicem vel magistratus conficienda sunt* », loi reproduite au Code de Justinien comme nous l'avons déjà vu. Elle ne fixait pas auprès de quel juge ou magistrat devait être remplie la formalité. Aussi l'insinuation était-elle faite un peu partout, dans le lieu qu'il plaisait à celui qui remplissait cette formalité.

Il y avait là un grand inconvénient ; cette latitude, laissée dans le choix du lieu où on faisait insinuer, enlevait à cette formalité un grand intérêt : la publicité qu'on aurait pu obtenir par une réglementation plus régulière. Constantin en fut frappé et par une loi de 316 qui forme la loi 3, C. Théod. (*eod titul.*), a déterminé d'une façon précise le lieu de l'insinuation : Comme beaucoup font insinuer en dehors de la province où ils sont propriétaires, nous décidons qu'il ne sera pas permis de faire insinuer en dehors de la province où se trouvent le domicile du donateur et les biens donnés. Le magistrat sera le juge ordinaire ; s'il est absent, ce sera le curateur ou les magistrats municipaux. Ainsi, après avoir laissé la plus grande liberté sur le choix du lieu, la loi le fixe elle-même d'une manière très précise ; dès lors il est impossible de faire des donations clandestines.

Le magistrat compétent est celui du domicile du donateur et de la situation des biens. Mais il pouvait très bien arriver, que les biens ne dépendissent pas du même magistrat que le domicile du donateur ; de là des difficultés pouvaient naître.

53. Aussi une nouvelle modification fut apportée par l'empereur, au choix du lieu, en 333. Elle est contenue dans la loi 27 au Code de Just. *De donat. in fine*. Après avoir rappelé son ancienne réglementation sur la publicité des donations, il termine par cette phrase : *gesta autem confici super rebus etiam alibi collatis, ubicumque sufficit.*

Il semble que le progrès réalisé par la loi précédente soit détruit, que dorénavant on revienne à l'ancien système ; l'insinuation pourra se faire n'importe où. Nous voyons le même système reproduit en 415 par les empereurs Théodose et Honorius (avec des modifications sur un autre point que nous allons voir, dans la loi 8, C. Th. (liv. VIII, t. XII) *in fine*.

54. Une autre interprétation a été proposée par M. Larnaude dans l'ouvrage déjà cité (page 88). « Nous pensons que par ces mots, le législateur est venu simplement adoucir la prescription rigoureuse de la législation précédente... Les empereurs décident que l'insinuation pourra avoir lieu *ubicumque*, c'est-à-dire dans un endroit ou dans l'autre, soit au lieu du domicile du donateur, soit au lieu où se trouvent situés les immeubles... On cherche, autant que possible, à attribuer compétence au magistrat de l'endroit où se trouvent les intéressés et où, par conséquent, doivent se produire les recherches. »

Cette interprétation très ingénieuse écarte le reproche d'inconséquence, que l'on pourrait faire au législateur qui, après avoir abandonné un système, y serait revenu de suite, sous prétexte que la modification entraînait des difficultés, auxquelles, du reste, il était très facile de remédier, ainsi que nous le prouve l'interprétation de M. Larnaude. Cependant nous ne croyons pas devoir l'admettre.

D'abord il nous semble que c'est restreindre beaucoup la signification du mot *ubicumque* dont le sens « partout où » est absolument général. De plus, nous ferons remarquer que la modification, dont il est ici question, ne s'applique pas aux donations de biens placés à Constantinople *alibi conlocatis*; or si la législation devient de plus en plus précise pour l'insinuation des donations faites *in Urbe*, nous verrons qu'au contraire, pour les biens situés en dehors, elle est de plus en plus large.

Et si nous prenons le texte du Code Théodosien, nous voyons une opposition entre le lieu où doit être faite la tradition et ce choix laissé pour celui de l'insinuation : « Gestæ autem confici super rebus, etiam alibi « conlocatis, ubicumque sufficiet, ita ut traditio cor- « poralis in locis ubi res donata consistit omnimodo « celebretur ». Cette tradition suffirait alors à la publicité.

Nous avons dit que ce système était appuyé par les lois suivantes. En effet, Léon, dans une constitution de 459 (L. 30, C. J., liv. VIII, tit. LIV), décide que l'insinuation des donations de choses placées dans les provinces, et faites en dehors de Constantinople, pourra avoir lieu partout où le donateur voudra. « Donator « habeat facultatem liberam donationes rerum suorum « ubicumque positarum, sive apud moderatorem *cujus-* « *libet* provinciæ, sive apud magistratus, sive apud « defensorem *cujuscumque* civitatis, prout moluerit, « publicare. » L'insinuation pourra avoir lieu dans n'importe quelle province et dans n'importe quelle cité. Notre interprétation, tout en laissant au mot *ubi-cumque* son sens ordinaire, est donc bien en rapport avec la tendance de la législation.

55. Notre loi 8, d'Honorius et Théodose, avons-nous dit, apporte d'autres modifications. Jusque-là, le magistrat compétent avait été le *judex ordinarius*. Dé-

sormais il faudra faire une distinction entre les insinuations faites à Constantinople et celles faites dans
les provinces. En *Urbe*, on insinuera auprès du *magister census*; dans les provinces, auprès du *rector
provinciæ*, et, en son absence, auprès du *defensor civitatis*, où qu'il se trouve. L'insinuation ne pourra du
reste avoir lieu auprès des curateurs des cités ; cependant, celles qui sont déjà faites auprès d'eux, doivent
être considérées comme valables.

56. L'empereur Léon, dans la loi 30, C. Justinien
(liv. VIII, t. LIV), changea encore le système. Toutes
les donations faites à Constantinople, quand même les
biens donnés seraient dans les provinces, doivent être
insinuées auprès du *magister census*. Pour celles faites
dans les provinces, l'empereur donne toute liberté. Le
donateur choisira, parmi les magistrats désignés déjà,
celui qu'il voudra, et, nous l'avons déjà vu, le lieu qu'il
voudra.

En 496, l'empereur Anastase confirme ces dispositions et frappe d'une amende de 20 livres, en même
temps qu'il les menace d'autres peines sévères, tous
ceux qui feront ou recevront une insinuation en dehors
des prescriptions de la loi de l'empereur Léon.

57. Enfin Justinien, dans sa novelle XV, chap. III,
décide que l'insinuation aura toujours lieu auprès du
*defensor plebis*.

Lorsque l'insinuation était faite auprès des magistrats municipaux, elle devait être reçue par un magis-

trat assisté d'un greffier et en présence de trois cu-
riales. On évitera ainsi toute fraude, nous dit la loi 151,
C. Th., liv. XII, tit. I, *De gest. municipal* — et la vérité
aura plus de force.

C'était du reste le donateur seul qui pouvait la réclamer. Nous n'avons pas de texte attribuant ce droit
à lui seul, mais on peut arriver indirectement à cette
conclusion : Nulle part, en effet, il n'est question
d'autre personne ayant requis cette formalité. Au contraire, les lois 31, C. Th. (liv. VIII, tit. XII), et 30, C. J.
(liv. VIII, tit. LIV), nous montrent le donateur la ré-
clamant. Du reste, cette idée est très logique, si on
songe que l'insinuation, tout en ayant un but de publicité, avait été établie également dans l'intérêt du
donateur pour empêcher les fraudes domestiques.

# CHAPITRE III



## § 1. *Règle générale sous Justinien.*

58. Nous avons vu, au début de cette étude, les caractères que devaient présenter les libéralités pour être des donations; mais parmi ces actes, tous ne sont pas soumis à la formalité de l'insinuation, parce que la loi les en a dispensés expressément, ou parce qu'ils sont inférieurs à un certain taux. Pour quelques autres, il y aura certain doute pour l'application des principes que nous avons énoncés. Nous allons essayer d'étudier cette question dans ce chapitre.

Constance Chlore, nous l'avons vu, avait soumis toutes les donations à l'insinuation. Constantin réédita la même loi : « Nos etiam inter sponsas quoque spon- « sas, omnesque personas » (L. 1, C. Th., liv. III, tit. V).

Les empereurs Théodose et Valentinien dispensèrent de l'insinuation, les donations *ante nuptias* inférieures à 200 solides (liv. VIII, *eod.*); dans la même loi, ils décident également que les donations *ante nuptias*, quelque soit leur chiffre, sont dispensées de l'insinua_ tion lorsque la femme est *minor ætate et destituta patris auxilio.*

Justinien étendit cette dispense. Non seulement les donations *ante nuptias*, mais toute donation inférieure à 300 solides, sera désormais dispensée de l'insinuation (L. 34, C., *De don.*). « Sancimus omnem donationem « sive communem, sive ante nuptias factam, usque « ad trecentos solidos cumulatam non indigere mo- « mentis, sed communem formam habere ».

59. Enfin, dans la loi 36, § 3, il étend cette dispense à toutes donations inférieures à 500 solides : « Cæteris « etiam donationibus quæ gestis intervenientibus mi- « nime sunt insinuatæ, sine aliqua distinctione usque « ad quingentos solidos valituri ».

Justinien reproduit la seconde exception de Théo- dose et Valentinien dans la loi 17, C., livre V, titre III.


## § 2. *Exceptions.*


Le droit commun, sous Justinien, est donc que toute donation inférieure à 500 solides est dispensée d'insi- nuation.

60. Mais l'empereur fit quelques exceptions *favoris*

*causa*. Ce sont d'abord les donations *dotis causa* (L. 31,
pr. C., liv. V, tit. XII), puis dans la loi 34, C., *De don.*,
les donations faites à l'empereur et celles faites dans
un but pieux, par exemple les donations aux églises;
elles tiraient leur force de leur propre majesté.

Dans la loi 36, ce sont les donations pour le rachat
des captifs, dont on ne pourra répéter le montant sous
prétexte qu'elles n'ont pas été insinuées. On peut exiger seulement que le donataire s'engage sous serment
à employer toute la somme au but pour lequel on la
lui a donnée. Nous ferons remarquer que cette exception n'était pas utile, et plus exactement qu'il faut y
voir seulement l'application des principes généraux.
Ces actes manquent, en effet, d'un des caractères de
la donation : enrichissement du donataire.

Par la même loi, § 1, entrent encore dans l'exception
les donations de choses mobilières, que les chefs militai-
res font à leurs soldats courageux, soit avec leurs biens
propres, soit avec les dépouilles des ennemis.

Et enfin, sont dispensées les donations faites pour
reconstruire un édifice incendié ou tombé en ruines.
C'est toujours sous la foi du serment que le donataire
s'engage à employer cet argent à l'usage qu'on lui des-
tine.

## § 3. *De quelques cas particuliers prévus par Justinien.*

61. L'application de la règle de Justinien est très simple, lorsqu'il s'agit de donations de sommes d'argent bien déterminées, ou d'un objet dont la valeur est bien appréciable. Mais il y a des cas où l'estimation est difficile. Justinien en a prévu quelques-uns. Nous allons les examiner. Il résout d'abord dans le § 3, une question qui était déjà discutée par les anciens auteurs, probablement déjà à propos de la loi Cincia.

Il suppose qu'un donataire a reçu, à plusieurs reprises, différentes donations qui chacune prise séparément est inférieure à 500 solides, mais dont la somme dépasse ce chiffre ; faut-il, au point de vue de l'insinuation, les considérer comme une seule supérieure au *modus legitimus*, ou bien les prendre telles qu'elles sont séparément ? Justinien pense qu'il est plus juste de les prendre séparément et de les valider sans insinuation.

62. L'hypothèse prévue dans le paragraphe suivant soulève plus de difficultés. Il s'agit d'une promesse de rente annuelle, dont chaque terme ne dépassera pas le *modus*. Faudra-t-il ou non insinuer une semblable donation ?

Cette hypothèse se subdivise en plusieurs autres.

Justinien suppose d'abord qu'il s'agit d'une rente devant finir à la mort, soit du donateur, soit du donataire. Après avoir indiqué que les anciens auteurs ont varié beaucoup sur cette question, il décide qu'il faut prendre chaque annuité comme une donation distincte des autres et par suite qu'il n'est pas nécessaire d'insinuer. Et voici sa raison :

« Incertus etenim fortunæ exitus hoc nobis sug-
« gessit : ut possibile sit unius anni tantummodo, vel
« brevioris, vel etiam amplius temporis metas super-
« vivere, vel donatorem, vel eum, qui donationem
« accepit et ex hoc inveniri etiam totam summam,
« donationis non excedere legitimam quantitatem. »

C'est l'incertitude de la durée de la vie du donateur ou du donataire qui a conduit Justinien à décider la question en ce sens.

De cette solution nous tirons facilement la réponse à notre question, pour le cas où la rente doit être payée un nombre d'années déterminé. L'incertitude disparaît et il est facile de savoir à quel chiffre s'élève la donation ; s'il dépasse 500 solides on insinuera.

63. Si les héritiers du donateur doivent continuer à payer la rente aux héritiers du donataire, il faudra toujours insinuer : « Sin autem etiam heredum ex « utraque parte fuerit mentio ». D'après la plupart des auteurs il s'agirait ici d'une rente devant exister à perpétuité, c'est-à-dire devant être payée par la succession indéfinie des héritiers.

M. Larnaude propose un autre sens. Justinien ne vise pas ici le cas d'une rente perpétuelle, mais seulement le cas d'une rente devant être payée d'abord par le donateur, puis après sa mort par ses héritiers immédiats, au donataire lui-même ou à ses héritiers immédiats, puis s'éteignant. « La mention du transfert d'un droit à un héritier n'implique pas la perpétuité du rapport de droit lui-même. Les Romains connaissaient la rente perpétuelle, mais tous les textes qui nous en parlent la rattachent à la possession ou à l'usufruit d'un immeuble. C'est toujours une rente foncière. Au contraire, la rente perpétuelle qu'on a cru voir dans notre § 4 serait un engagement personnel à perpétuité transmissible aux héritiers d'une façon indéfinie. Enfin on peut observer que dans les sources, toutes les fois qu'il est question d'un *annuum* promis à titre gratuit ou onéreux, il ne doit pas être payé pendant toute l'éternité, mais seulement pendant un certain temps plus ou moins déterminé ».

Nous ne nous rangeons pas à cette manière de voir, malgré la force des arguments sur lesquels elle s'appuie. Le mot *heres* en effet, dans son sens naturel comprend non seulement les héritiers immédiats, mais encore toute la série des héritiers (L. 65, D., *De verb. sign.*, livre L, t. XXVI). « Nam et heredis heres, et dein- « ceps heredis appellatione continetur ». C'est en ce sens que nous devons le prendre, lorsque rien ne vient en restreindre la portée et tel est bien le cas de notre texte. Les rentes perpétuelles dont nous parlent les textes sont, il est vrai, des rentes foncières; mais notre texte n'a pas été écrit pour indiquer comment se constituait une rente ; ceci importe peu en la matière qu'il traite. Justinien prévoyait plusieurs hypothèses de rentes, il serait étrange qu'il ait passé sous silence la rente perpétuelle. Il est du reste question ailleurs d'une rente perpétuelle constituée par stipulation. La loi 35, § 7, D. (liv. XXXIX, tit. VI), nous en fournit un exemple : « Sed qui mortis causa in annos singulos « pecuniam stipulatus est... » Or la stipulation *in annos singulos* est perpétuelle (L. 16, § 1 D., liv. XLV, tit. 1). « Stipulatio hujusmodi, in annos singulos una « est et incerta, et perpetua... » Du reste, Justinien voulant assimiler une autre hypothèse à celle que nous étudions en ce moment, nous dit qu'elle est *quasi perpetuata* et le mot *perpetuata* indique bien ici une durée indéfinie, et non pas seulement une durée continue et non interrompue ; car il aurait été inutile de l'employer ici et pris dans ce sens, nous ne croyons pas qu'il soit une raison à alléguer en faveur de la décision de Justinien (L. 34, § 4, C., liv. VIII, tit. LIV).

64. Enfin, reste une dernière hypothèse prévue par Justinien, dans des termes assez vagues pour avoir donné lieu à plusieurs systèmes. Elle est comprise dans ces mots : « vel adjiciatur tempus vitæ vel dona « toris, vel ejus qui donationem accepit. »

Cujas (Obs. 15, sur notre loi), fait une modification

au texte. Tel qu'il est le texte nous présenterait l'hypothèse déjà prévue où la rente doit finir à la mort de l'une des parties. Aussi intercale-t-il le mot « non » entre *vel* et *adjiciatur* ou bien il remplace *vel* par *nec* et obtient le sens suivant : « si la durée de la rente n'est pas fixée à la durée de la vie des parties. »

Mais cette correction de Cujas, ne se trouvant dans aucun manuscrit ne peut être adoptée.

Marezolle propose une autre traduction : « si le temps de la vie est ajouté comme condition à la durée de la rente. » C'est-à-dire que si nous supposons une rente de vingt ans, elle ne subsistera pendant ces vingt années, que si le donateur ou le donataire ne meure pas pendant cet intervalle.

Mais cette hypothèse n'est-elle pas la même, que celle dans laquelle la rente est fixée à la durée de la vie du donateur ou du donataire, comme minimum de durée, avec une condition de plus un maximum de vingt ans.

M. de Savigny (t. IV, p. 220, note *r*), propose à son tour une interprétation ; mais comme Cujas, il est obligé d'altérer le texte. Il lit ainsi : *vel adjiciatur tempus vitæ heredum vel donatoris* et il traduit : « si la rente est constituée jusqu'à la mort des héritiers immédiats du donateur ou du donataire. » Mais pourquoi, dans cette hypothèse, limiter aux héritiers immédiats la durée de la rente ? Ce mot *heres* doit toujours avoir le même sens que dans le membre de phrase précédent : *sin autem etiam heredum ex utraque parte fuerit mentio* et on devrait, il nous semble, traduire simplement : on ajoute à la vie du donateur et du donataire la vie des héritiers de l'un et de l'autre.

Du reste, pourquoi altérer le texte lorsqu'on peut lui trouver un sens par une traduction littérale et qui paraît très naturelle. Cette traduction a été donnée par Bricleb (*archiv für civil.* ; *praxis.*, V. 38, p. 142). « Un certain temps a été ajouté à la vie du donateur et du donataire. » Il s'agirait donc ici d'une rente qui doit être continuée un certain temps après la mort des parties.

En résumé les trois hypothèses seraient réglées de la manière suivante :

Si la rente doit finir à la mort du donateur ou du donataire, l'insinuation n'est pas exigée.

Si la rente est perpétuelle, l'insinuation est exigée.

Si la rente doit continuer un certain temps après la mort des parties, l'insinuation est encore exigée.

### § 4. *Donations à cause de mort.*

65. Nous avons vu que les donations à cause de mort n'étaient pas soumises à la loi Cincia, par cette raison qu'elles sont révocables ; sont-elles soumises à l'insinuation ?

Cette donation présentait une grande ressemblance

avec les legs en ce sens, que le prédécès du donataire
faisait tomber la donation et c'est là le seul caractère
essentiel de la donation *mortis causa* : « Non videtur
« perfecta donatio mortis causa facta antequam mors
« insequatur » (L. 32 ; D., XXXIX, tit. VI, *De m. c.
don.*). Cet acte conservait cependant son caractère de
donation : « Donationis verbum simpliciter loquendo,
« omnem donationem comprehendisse videtur, sive
« mortis causa, sive non mortis causa fuerit » (L. 67,
§ 1, D., liv. L, tit. XVI, *De v. s.*). Il semble donc, que
toute prescription générale aux donations aurait dû
s'appliquer sans contestation aux donations à cause de
mort. Malgré cela une controverse s'était élevée entre
les jurisconsultes sur la véritable nature de cet acte et
par suite sur la nécessité de les faire insinuer.

66. Justinien voulut mettre un terme à ces discussions et édicta, en 530, une constitution qui fait la
loi 4, C., *De d. m. c.*, liv. VIII, tit. LVII, et qui a
donné naissance à deux systèmes différents. Dans un
premier système, admis le plus généralement, Justinien aurait laissé le choix entre deux formalités, l'ancienne insinuation ou la présence de cinq témoins :
« Celui qui veut donner à cause de mort, dit M. de Savigny (n° 177), peut, à son choix, employer l'ancienne
forme de la donation ou celle des codicilles. Dans le
premier cas, si la valeur de la donation excède 500 solides, l'insinuation est nécessaire ; dans le second cas,
quelle que soit la valeur, la preuve de cinq témoins

suffit comme pour tout codicille ». Les partisans de ce système se divisent encore à partir de ce moment. Et selon quelques-uns, la présence des cinq témoins serait une forme spéciale aux donations à cause de mort, sans aucune relation avec les formes des codicilles.

67. D'après une autre interprétation, l'insinuation a été complètement supprimée par la constitution de Justinien pour les donations à cause de mort. Notre savant maître, M. Glasson, l'a soutenu dans une *Etude sur les donations à cause de mort* (p. 57). C'est l'opinion qui nous paraît la plus conforme au texte. Nous n'y voyons pas, en effet, exprimé qu'on aura le choix entre la présence des témoins et l'insinuation. Le texte paraît, au contraire, tout à fait décisif et repousser toute alternative. Justinien commence par dire que les donations à cause de mort sont dispensées de l'insinuation : « Sancimus omnes donationis mortis causa... « actis minime indigere ». Il indique ensuite le moyen à employer pour rendre cette donation inattaquable : « Ita res procedat ut si quinque testibus..... « res gestæ maneat firmitate vallata et nullam in ea « calumniam accipiat ». La présence des cinq témoins est exigée pour toute donation à cause de mort, même inférieure à 300 solides. Mais on nous fait alors un reproche d'inconséquence : « On ne pourrait valablement donner *mortis causa* 300 solides par simple tradition, sans la présence de cinq témoins ; tandis qu'une semblable donation entre-vifs serait valable sans insi-

nuation. Ainsi donc les formalités suffisantes pour l'acte le plus grave et plus dangereux, ne suffiraient pas pour l'acte moins dangereux et moins grave » (Savigny). M. Glasson y répond en faisant remarquer qu'avant Justinien, toutes les donations entre-vifs devaient être insinuées et que c'est cet empereur qui, par la constitution 34 au Code (liv. VIII, tit. LIV), en a dispensé les donations inférieures à 300 solides. Cette constitution est antérieure à notre constitution 4 (*De m. c. d.*) et ne s'applique qu'aux donations entre-vifs et non aux donations à cause de mort; car, dans le cas contraire, elle aurait fait cesser la controverse dont il est parlé au commencement de notre constitution 4 et que cette dernière avait pour but de faire cesser. Par suite, s'il y a inconséquence à exiger la présence de cinq témoins pour les donations à cause de mort inférieures à 300 solides, nous ne devons pas en être surpris puisque nous la trouvons déjà avant dans la formalité de l'insinuation, la loi 34 n'ayant dispensé de l'insinuation les donations inférieures à 300 solides, que si elles étaient entre-vifs; les donations à cause de mort y restant soumises.

## § 5. *Donations entre époux.*

68. Nous savons qu'à Rome, jusqu'à Caracalla, les donations entre époux sont nulles. A partir de

ce moment, la donation entre époux dut être confirmée par cela seul que le donateur mourrait dans la
même volonté et le mariage subsistant encore (L. 32,
pr., D., 24, 1). Dès lors la donation entre époux présente une grande analogie avec la donation *mortis
causa*. Aussi est-il probable que les jurisconsultes
la soumirent dans une assez large mesure aux règles
des legs; sûrement ils lui appliquèrent la loi Falcidia
(L. 32, § 1, liv. XXIV, tit. 1, (*De don. int. vir. et ux.*
— Accarias, *De la don. entre époux*). Par la novelle
162, chapitre 1, Justinien détermine le véritable caractère de cette donation. Il décide d'abord que la donation entre époux donnera une action lorsqu'elle sera
faite par simple pacte : « et si non stipulatus traditio-
« nem; necessitatem habere tradere donatum ». Dans
le second paragraphe il la soumet à notre formalité de
l'insinuation. « Ut si quidem insinuatæ fuerint ab
« initio donationes in gestis, omnibus modis ipsas si-
« lentio confirmari. Si vero minimæ insinuatæ man-
« serint excesserint autem mensuram indigentem in-
« sinuatione, usque ad tantum duntaxat illas valere,
« usque ad quantum non insinuatas donationes validas
» esse a nobis constitutum est ». Mais à défaut d'insinuation, elle ne put valoir pour la quantité excédant
500 solides, qu'en vertu d'une confirmation testamen-
taire expresse et seulement comme donation *mortis
causa* (L. 25, C., *De don. int. vir. et ux.*, V, 16).

Le même système était appliqué aux donations faites par un père de famille à son fils *in potestate*.

## § 6. *Donations rémunératoires.*

69. Nous ne trouvons qu'un seul texte sur la question, c'est la loi 34, § 1, D., liv. XXXIX, tit. V. « Si quis ali-quem a latrunculis vel hostibus eripuit, et aliquid pro « eo accipiat : hæc donatio irrevocabilis est, non « merces eximii laboris appellanda est ; quod contem-« platione salutis certo modo æstimari non placuit ». Généralisant cette solution, on a voulu y voir une excep-tion en faveur de toute donation rémunératoire. Mais il faut remarquer qu'il s'agit ici d'un cas tout à fait spécial. Le donataire a sauvé la vie au donateur, le service est trop grand pour pouvoir être apprécié. Il nous semble donc que dans les autres cas il faut apprécier le ser-vice rendu, si faire se peut, et comparer cette évalua-tion avec celle de la donation ; on appliquera à la diffé-rence la règle ordinaire de l'insinuation.

## § 7. *Donations sub modo.*

70. Nous appliquerons la même théorie à la do-nation *sub modo*. Il faut évaluer le *modus* et faire la

différence entre sa valeur et celle de la donation. De même dans un acte contenant à la fois vente et donation, par suite d'une diminution considérable du prix. En un mot, dans toutes ces transactions mixtes, nous appliquerons le principe énoncé au titre des donations entre époux, livre XXIV, titre I, dans la loi 5, § 2 : « Generaliter tenendum est, quod « inter ipsos, aut qui ad eos pertinent, aut per inter- « positas personnas, donationis causa agatur non va- « lere : quod si aliarum extrinsecus rerum persona- « rumve causa commixta fuit : si separari non potest « nec donationem impediri, si separari possit cætera « valere ; id quod donatum sit non valere ».

# CHAPITRE IV

## EFFETS DU DÉFAUT D'INSINUATION

**71.** Le défaut d'insinuation rend l'acte non insinué radicalement nul, pour tout ce qui excède le *modus*. Nous avons déjà vu qu'on discute sur la question de savoir si cette sanction existait déjà dès l'introduction de la formalité et nous avons admis l'affirmative. A l'époque de Justinien, elle est incontestable (L. 34, C., liv. VIII, tit. LIV) : « Si quid autem supra le-« gitimam definitionem fuerit donatum : hoc quod su-« perfluum est tantummodo non valere : reliquam vero « quantitatem, quæ intra legis terminos constituta est, « in suo robore perdurare. »

**72.** Justinien fait lui-même l'application de son principe dans le § 2 de cette loi. Lorsqu'il y a donation violant la règle de l'insinuation, le transfert de propriété ne s'opère que dans les limites fixées par la loi. Le donataire et le donateur sont dans l'indivision : « Ne autem « communione inducta donatori et ei qui liberalitatem « suscepit aliqua oriatur contentio... » Justinien trace

ensuite les règles à suivre par le juge. Le propriétaire
de la partie principale pourra prendre la chose tout
entière, en payant au propriétaire de l'autre partie la
valeur de ce qui lui revient. S'il refuse on partagera
la chose proportionnellement si elle peut être divisée.
Sinon le propriétaire de la plus petite part prendra la
chose entière, en désintéressant son copropriétaire.

Il découle également de cette nullité que la donation non insinuée ne peut servir de *justa causa usuca-
piendi*. Que si la tradition n'a pas été faite, il n'y aura
pas besoin d'exception pour repousser la demande en
livraison du donataire.

Rien ne permettant d'étendre à toutes les donations
l'exception faite en faveur des donations entre époux,
la donation n'est pas confirmée par le décès du donateur.

### § 1. *Voies de droit à employer en cas de défaut d'insinuation.*

73. Justinien passe sous silence une question très
importante, celle de savoir quelles sont les voies de
droit ouvertes, quand la donation est attaquable pour
défaut d'insinuation. Dans le silence des textes on a recours aux prescriptions détaillées de Justinien en pareil cas sur les donations entre époux. La nullité de

ces donations, basée sur les mêmes motifs que celle des donations faites contrairement aux règles de l'insinuation, nous le permet.

74. A. *Le donataire a encore l'objet donné entre les mains.* — Quelle est l'action accordée au donataire en cas de donation entre époux? c'est la *rei vindicatio* (L. 5, § 18, D., liv. XXXIX, tit. V). De même ici, c'est cette action qui sera accordée. Et du reste, il n'y a là rien que de très logique. Le donateur est resté propriétaire de toute la quantité qui dépasse 500 solides : pour cette partie, en effet, la donation est considérée comme sans existence; elle est *pro non scripta*. Le donataire détient la chose du donateur. Nous écartons donc l'analogie qu'on pourrait vouloir établir, entre cette hypothèse et celle d'une révocation de donation pour ingratitude, qui ne donne naissance qu'à une action personnelle. Mais c'est que, dans cette dernière hypothèse, la donation a été valable jusqu'à la révocation et il aurait été bien injuste que des tiers, ayant pu acquérir des droits sur les biens donnés, se voient frustrés par suite d'un fait qu'ils ne pouvaient empêcher; ce qui serait arrivé si la *rei vindicatio* avait été accordée. En cas de défaut d'insinuation, au contraire, ils n'avaient qu'à s'assurer de l'exécution de cette formalité avant de traiter avec le donataire.

Le donateur a donc contre le donataire l'action en revendication s'il détient encore la chose en nature entre les mains (L. 7, § 18, D., liv. XXIV, tit. I) : « In

« donationibus autem jure civili impeditis hactenus re-
« vocatur donum ab eo (ab cave) cui donatum est ut
« si quidem extet res vindicetur. »

B. *Le donataire ne détient plus l'objet.* — Quand le donataire n'en détient que la valeur, le donateur a une *condictio.*

Cette dernière hypothèse mérite quelques développements.

75. α. *Par le fait du donateur ou cas fortuit.* — La chose a péri complètement pour le donataire par le fait du donateur. Il manquera alors deux éléments essentiels à la donation, l'intention libérale et l'enrichissement du donataire ; l'acte n'est plus une donation, le donateur ne peut rien réclamer.

Nous donnerons la même solution si l'objet a péri par cas fortuit. Le jurisconsulte Paul, nous donne cette décision pour le cas de donation entre époux (L. 28, D., XXIV, tit. Ier) : « Si id quid donatum sit perierit… « ejus qui dedit est detrimentum », et le jurisconsulte en donne cette raison très logique, que la donation étant nulle, l'objet est resté la propriété du donateur ; c'est donc lui qui doit emporter une perte arrivée par cas fortuit.

76. β. *Par le fait du donataire.* — Si la chose est sortie du patrimoine du donataire par son fait, voici les conséquences auxquelles conduisent les principes généraux. Le donataire en possession de l'objet donné, doit être considéré comme un possesseur de mauvaise

foi et comme tel tenu de la *condictio sine causa* et même s'il y a dol de l'action *ad exhibendum*, et de celle de la loi Aquilia ; telles étaient, du reste, les décisions de l'ancien droit pour les donations entre époux (L. 14, D., liv. X, tit. IV) : « Si vir nummos ab uxore sibi « donatas sciens suos factas non esse, pro re empta « dederit, dolo malo fuit, quo minus possideat : et ideo « ad exhibendum actione tenetur », et loi 37, D., livre XXIV, titre I, qui accorde l'action *ad exhibendum* et l'action *damni injuriæ*. Mais cet ancien droit des donations entre époux fut changé par le sénatus-consulte de Septime-Sevère ou Caracalla, dont nous avons vu déjà la première disposition d'après laquelle la donation entre époux serait confirmée par la mort du donateur.

77. C. *Le sénatus-consulte de Caracalla sur les donations entre époux s'applique-t-il aux donations non insinuées?* — A partir de ce sénatus-consulte, les jurisconsultes enseignent, que l'époux ne peut exercer d'action contre son conjoint que s'il y a enrichissement et tel est le sens de la seconde disposition de ce sénatus-consulte dont les termes ne nous sont pas parvenus (L. 7, pr., liv. XXIV, tit. I); on devait regarder si l'enrichissement existait encore au temps de la *litis contestatio*, et loi 5, § 18, *in fine* : « Si consumpta sit « condicatur hactenus, quatenus locupletior quis « eorum factus est ».

78. Cette modification introduite dans la législation

des donations entre époux, était-elle appliquée aux donations non insinuées?

Nous ne le pensons pas. Tout d'abord, pour la première disposition, le doute ne nous paraît pas possible.
Justinien a décidé formellement que les donations
entre époux excédant 500 solides, ne seraient confir-
mées par la mort du donateur, que si elles étaient insinuées (L. 25, C., *De don. int. v. et ux.*), à bien plus
forte raison pour toutes espèces de donations, la mort
du donateur ne peut couvrir le défaut d'insinuation.
Et comme conséquence, nous rejetterons également
l'application de la seconde partie du sénatus-consulte.
En effet, la considération qui avait motivé cette
seconde prescription ne s'applique plus ici. La donation entre époux pouvant être confirmée par la mort
du donateur, il était assez juste de considérer le donataire comme un possesseur de bonne foi; le silence du
donateur pouvait faire admettre un consentement de sa
part, à la consommation de l'objet donné. Mais dans
notre hypothèse de donation non insinuée, nous avons
rejeté la confirmation par le silence du donateur; nous
ne pouvons appliquer le même raisonnement et considérer le donataire comme possesseur de bonne foi, et
par suite, lui appliquer les bénéfices d'un sénatus-
consulte qui est du reste une disposition toute spéciale
aux donations entre époux. Il ne faut pas perdre de
vue que l'insinuation était une mesure de publicité, que
la mort du donateur ne pouvait remplir le même but.

Il nous semble donc très logique de ne pas appliquer ici le sénatus-consulte.

79. Si la perte de l'objet est relative, c'est-à-dire si l'objet a été remplacé par un autre de moindre valeur ou a été consommé en partie, nous ferons les mêmes distinctions que pour la perte absolue en donnant les mêmes solutions. S'il y a cas fortuit ou volonté du donateur, lui seul supportera la perte. S'il y a au contraire volonté du donataire, lui seul en est responsable.

80. D. *Effet du défaut d'insinuation à l'égard des tiers qui seraient intervenus dans la donation.* — Si la donation soumise à l'insinuation a été effectuée avec le concours d'une tierce personne, la nullité s'étendra-t-elle à l'acte tout entier? Par exemple, un donateur délègue à son donataire un débiteur pour une somme de 1,000 solides. Ce débiteur paye le donataire. Peut-il répéter les 500 solides dépassant le taux qu'une donation ne peut dépasser pour être valable sans insinuation?

La question a un intérêt pratique. Il peut se faire en effet que le débiteur, après avoir intenté l'action et triomphé devienne insolvable, le donateur sera lésé; ce qui ne serait pas arrivé si nous avions admis le système opposé. Le donateur aurait pu, en effet, intenter l'action contre le donataire.

81. Nous nous trouvons en présence de textes donnant des solutions opposées et d'où découlent deux systèmes différents.

La loi 5, § 2, (D., XXIV, 1), pose en principe que l'acte entier est nul : « Generaliter tenendum est, « quod inter ipsas, aut qui ad eas pertinent, aut per « interpositas personas donationis causa agatur non « valere. » Le jurisconsulte fait l'application de ce principe dans les paragraphes suivants : « Si debitor « viri pecuniam jussus mariti uxori promiserit nihil « agitur. »

Pour les donations entre époux, l'acte entier est donc nul.

Nous avons, d'autre part, deux textes donnant deux solutions inverses. C'est la loi 5, § 5 (D., liv. XLIV, tit. IV) : « Si eum qui volebat mihi donare supra legi- « timum modum, delegavero auditori meo : non po- « terit adversus petentem uti exceptione : quoniam cre- « ditor suum petit. » Et la loi 21, § 1 (D., liv. XXXIX, tit. V) qui refuse l'exception au débiteur délégué ac- tionné par le donataire, sauf les droits du donateur.

D'après ces textes, au contraire, l'acte est valable à l'égard du tiers.

82. Dans un premier système soutenu par M. de Savigny (tome IV, app. 10), il faut tirer de ces textes cette conséquence que chaque fois que la nullité opère *ipso jure* l'acte entier est nul, et c'est ce qui se produit pour le cas de donation entre époux.

Au contraire, si la nullité ne peut être invoquée que par une exception, comme dans nos deux derniers

textes, l'acte a son effet à l'égard du tiers qui est intervenu.

Or, dans le cas de donation non insinuée et dépassant le *modus*, il y a nullité opérant *ipso jure*. C'est
donc l'acte tout entier qui est frappé de nullité, à l'é-
gard du tiers intervenant, aussi bien qu'à l'égard du
donateur et du donataire; bien entendu pour la quantité seulement qui dépasse le *modus*.

Dans l'ancienne législation de la loi Cincia, l'acte
passé avec le tiers était valable.

83. Dans un autre système, au contraire, on rejette
cette distinction entre la nullité opérant *ipso jure* et
celle opérant *exceptionis ope*.

D'après les principes du droit romain, une promesse
est valable indépendamment de sa cause; de telle
sorte que si vous vous êtes engagé envers moi sur
l'ordre de Titius, quels que soient les rapports existant
entre Titius et vous, votre obligation subsiste envers
moi, sauf à vous d'agir contre Titius, s'il y a lieu
(L. 12, D., liv. XLVI, tit. II). Il a été fait exception à
ce principe dans le cas où la cause, qui a déterminé la
promesse, serait une donation entre époux. Les jurisconsultes ont pensé qu'il valait mieux prévenir la violation de la loi que de laisser commettre cette violation
et de la réparer ensuite, et c'est ce qui explique les
deux textes cités sur cette hypothèse. Mais nous ne
pouvons y voir qu'un cas tout particulier et non un
principe. Nous laisserons donc subsister le droit com-

mun, à moins que la loi ne vienne y apporter expressément une modification et tel n'est pas le cas de la
donation non insinuée.

84. Du reste, plusieurs raisons nous engagent à ne
pas faire ici une assimilation avec les donations entre
époux. D'abord les textes prévoient le cas de donations
dépassant le *modus*; pourquoi ne pas les appliquer?
C'est, dit-on, qu'ils ne parlent que d'exception et ne
peuvent s'appliquer qu'à la loi Cincia et non à l'insinuation. Mais il serait bien étrange que Justinien ait
été chercher pour poser une question de principe un
texte s'appliquant à une législation alors abrogée, et
ait passé sous silence la législation actuelle. Il est plus
logique, ce nous semble, d'admettre que l'empereur
avait en vue la législation de l'insinuation. Le texte a
été écrit primitivement pour la loi Cincia, mais sa présence au Digeste ne peut s'expliquer que par une application à la législation en vigueur au moment de son
insertion. Nous avons déjà étudié ces mêmes textes à
propos de la loi Cincia, et avons conclu qu'ils ne pouvaient s'y appliquer tels qu'ils étaient écrits. A quoi
les appliquerons-nous, si ce n'est à l'insinuation.

85. Il y a au point de vue qui nous occupe une différence entre les donations entre époux et la donation
non insinuée. Les premières sont défendues. Le tiers qui
intervient sait à quoi il s'expose en violant la loi. La
donation non insinuée, au contraire, n'est pas défen-

duc, c'est un acte manquant d'une formalité qu'on peut toujours remplir. Le tiers n'est donc pas en faute comme dans le premier cas. Ce système est admis par la plupart des interprètes, c'est celui qu'admet M. Larnaude.

# APPENDICE



### DE L'INSINUATION APRÈS L'INVASION DES BARBARES

86. Nous retrouvons l'insinuation dans l'empire d'Occident. Elle survécut à l'invasion des barbares. Ceux-ci du reste n'imposèrent pas leurs lois aux peuples vaincus. Nous le trouvons exprimé formellement dans la loi des Ripuaires, titre XXXI, loi 3 : « Hoc « autem constituimus, ut intra Ripuarium pagum, tam « Franci, Burgundiones Alamani de quacumque natione « commoratus fuerit, in judicio interpellatus, sicut lex « loci continet, ubi natus fuerit sic respondeat ».

Ce principe est encore exprimé dans les formules de Marculphe, liv. I, form. 8 :

« Charta de ducatu, patriatu vel comitiatu.

« Ita ut semper erga reginem nostrum fidem inliba- « tam custodias, et omnes populi ibidem manentes « tam Franci Romani, Burgundiones vel reliquæ na- « tiones sub tua gubernatione tegant et moderentur et « eos recte tramite secundum legem et consuetudinem « eorum regas ».

87. Quant à l'insinuation en particulier, voici la preuve de sa persistance.

Il nous est resté un certain nombre de chartes de donations faites à Ravenne au v⁰ siècle, et toutes font mention de l'insertion dans les actes publics.

C'est une donation faite à l'église de cette ville en 476 (Maffei, *Istoria diplomatica*, p. 144).

*Quam ei gestis municipalibus alligare voluerint.*

C'est une autre donation de 491 (Mabillon, *De re diplomatica, sup. app.* n° 2) : « Cum hanc cartulam alle-« gare placurit gestis municipalibus ».

C'est à ce moment que parut l'édit de Théodoric où cette formalité est encore ordonnée, art. 52 : « Si quelqu'un veut faire la donation d'une propriété urbaine ou rurale, que l'écrit contenant la libéralité attestée par la souscription des témoins soit enregistré aux actes municipaux ». En exécution de cet édit, nous trouvons encore quelques chartes avec mention de leur transcription dans les actes municipaux :

C'est encore une donation faite à l'église de Ravenne en 553 : « Gestis etiam quibus volueritis allegandi libe-« rum » (Marini, *I papiri diplomatici*, p. 133).

Dans les lettres de Grégoire le Grand, nous trouvons cette recommandation d'insérer aux actes municipaux des donations de terrain pour construire des chapelles, et de le faire avant la consécration : « Præcepta pri-« mitus donatione legitima..... gestisque municipa-« libus alligatam » (Grég., *Epist.*, liv. II, ép. 9).

88. Dans le royaume des Wisigoths, Alaric revisa la loi romaine et promulgua en 506 un Code connu sous le nom de *Breviarum Alaricianum*, qui reproduit à peu près le Code Théodosien pour ce qui concerne notre formalité (v. liv. VIII, titre V). — L'insinuation se fait aux curies et aux municipes ; on exige la présence de trois membres de la municipalité sous la présidence du *defensor civitatis*, avec l'assistance de l'*exceptor* ou greffier.

89. Chez les Burgondes une loi fut promulguée à l'usage des Gallo-Romains. Ce Code, connu sous le nom de *Papiani responsum*, fait mention de notre formalité : « Gesta autem secundum locorum consuetudinem fieri « placuit nec interest apud quem defensorem fuerint « celebrata (tit. XXIV). »

Quant aux Burgondes eux-mêmes, leur loi ne parle pas de l'insinuation ; elle prescrit la présence de cinq témoins. « Ideoque hoc ordine in populo nostro donationes « factæ et testamenta volebunt, ut quinque, aut septem « testes donationi aut testamento prout possunt aut « signa aut subscriptiones adjiciant. »

90. De nombreuses traces nous sont restées de l'insinuation à cette époque. Les testaments, comme les donations étaient inscrits dans les actes publics.

C'est le testament de Hardoind, évêque du Mans en 642 (v. *Dipl. ch.*, tome I, p. 508), qualifié de donation dans l'acte même et où l'évêque recommande lui-même

l'insertion dans les actes : « Quam donationem ut firmior
« habeatur, gestis municipalibus alligare decrevi ».

Au viii<sup>e</sup> siècle, nous avons celui de l'abbé Widrade
(même recueil, p. 426) : « Ut legis decrevit autoritas...
« gestis republicæ municipalibus. . ejus prosecutione
« insinuatur ».

On peut trouver un grand nombre d'autres exemples
(v. à ce sujet le recueil de formules de M. de Rozières
259 et suiv.). M. de Savigny rapporte également dans
son *Histoire du droit romain au moyen âge* des chartes
de donations du ix<sup>e</sup> siècle où il est encore question
d'insinuation (tome I, p. 96 et suiv.).

91. Cependant cette formalité ne fonctionnait pas
d'une façon bien régulière. Nous voyons d'abord certains monastères s'en faire dispenser. Dès le vi<sup>e</sup> siècle
l'abbaye de Saint-Germain-des-Prés jouit de cette dispense (Quicherat, Bibl. de l'école des chart., 26<sup>e</sup> année, 6<sup>e</sup> série, tome I, p. 542). Cette dispense, rare à
cette époque, se répandit peu à peu. La simple cession
suffisait sans insinuation, *cessio sola sufficit sine insinua-
tione.* (Don. faite dans le Rouergue en 945. Baluze,
*Hist. arv.*, tome II, preuves. En 1032, l'auteur d'une
donation exprime la désuétude de notre formalité.
V. Ducange, *Gloss.* au mot *alligare*).

Cette désuétude s'explique du reste très bien par la
désorganisation du système municipal romain. L'influence de la société ecclésiastique y fut pour beaucoup. La paroisse avait fini par prendre la place du

municipe, et les évêques héritèrent des attributions des *defensores* (A. Thierry, let. XX). Charlemagne avait créé auprès d'eux des offices de notaire (Cap. Bal. I, p. 393) qui, donnant aux actes un caractère d'authenticité, rendaient moins utile l'insinuation.

92. A partir du XII<sup>e</sup> siècle la législation de la France se divise en deux parties. Dans le nord la plupart des coutumes sont muettes sur l'insinuation. Certaines coutumes même, du centre, où se mélangeaient un peu le régime coutumier et le droit écrit, telles que celle d'Auvergne (titre XIV, art. 41, éd. 1510), celle du Bourbonnais (art. 218, ch. XIX, édit. de 1521) et celle du Nivernais (art. 8, chap. XXVII) en dispensaient formellement.

Dans la France méridionale, au contraire, l'insinuation reparaissait. Dès le XII<sup>e</sup> siècle, en effet, le droit romain y fut enseigné. Azon qui professa à Montpellier a laissé un commentaire du Code de Justinien et y traite de l'insinuation dans le commentaire du livre VIII, tit. XXVII.

Plus tard, Guy-Pape traite à fond notre matière dans ses *Decisiones Delphinales* (*Quæst.* 315, 350, 610).

On a, du reste, un assez grand nombre de preuves de l'existence de notre formalité à cette époque. On peut consulter à ce sujet un article de M. Fr. Renaud, intitulé : *Recherches historiques sur la formalité de l'enregistrement*, publié dans la *Revue de législation*, 1872 (p. 233 et suiv.).

C'est une donation de 1172 au comte de Toulouse. (*Hist. gén. du Languedoc*, tome III, col. 129, de Cl. de Vic.).

Une autre à Simon de Montfort en 1211 (id., col. 231).

M. Giraud dans son *Histoire du droit français* (2ᵉ vol.) rapporte les statuts de la ville d'Apt ; nous y trouvons à la page 138 la mention de l'insinuation : « Valuerunt « et mandeverunt quod apud judicem fiat insinuatio « donationum ».

Enfin Baluze, dans son *Histoire d'Auvergne* (tome II, preuves) en cite un grand nombre d'exemples, voir p. 131, 139, 143. Nous avons vu en effet déjà que dans cette province, la coutume et le droit écrit faisaient tous les deux sentir leur influence, ce qui expliquait l'existence de l'insinuation, bien que la coutume en dispensât.

# DROIT FRANÇAIS

## DE LA TRANSCRIPTION DES DONATIONS

PRÉCÉDENTS HISTORIQUES

## PREMIÈRE PARTIE

### ANCIEN DROIT

93. Jusqu'à l'ordonnance de Villers-Cotterets, rendue en 1539, par François I<sup>er</sup>, nous ne trouvons dans notre ancien droit aucune disposition relative à l'insinuation, tout au moins comme disposition prescrite spécialement par lui. Le droit romain en vigueur dans les provinces de droit écrit, comme nous l'avons vu dans la première partie de cette étude, l'exigeait il est vrai : mais il n'y avait pas d'uniformité dans notre

législation sur ce point, et cette formalité était inconnue dans les pays où la coutume seule constituait la règle.

94. L'ordonnance de 1539, remédia à cet inconvénient par l'art. 132. « Nous voulons que toutes donations qui seront faites ci-après… soient enregistrées et insinuées en nos cours et juridictions ordinaires des parties. »

Cette ordonnance a été confirmée par celle de Moulins, du mois de février 1566. Un édit de 1645, prescrivit l'insinuation dans les quatre mois.

Un édit de 1690, reproduisit cette prescription, en y ajoutant la publication des substitutions dans un délai de six mois, pour qu'elles aient date à partir du jour où elles ont été faites, à défaut de quoi elles n'auront d'effet qu'à partir du jour de la publication.

L'ordonnance contient la même disposition pour les donations, en laissant subsister le délai de quatre mois déjà fixé.

Une ordonnance de décembre 1703, exige l'insinuation pour les actes qui prononcent la nullité des donations.

95. Enfin la matière a été complètement réglée par l'ordonnance de 1731, qui ne fut pas enregistrée sans opposition par tous les Parlements. Il est facile de s'en rendre compte dans les lettres du chancelier d'Aguesseau (V. *Let.. inéd. rec.*, Rives, p. 459 ; let. du

23 mai 1731, du chancelier à son fils à propos du Parlement de Rouen, et *Œuv.* de d'Ag., t. IX, let. 288-296).

### § 1. *Quelles donations doivent être insinuées?*

96. D'après le texte de l'art. 132, de l'ordonnance du mois d'août 1539, toute donation sans distinction aucune, devait être insinuée pour avoir un effet quelconque. « Voulons et ordonnons que toutes donations soient insinuées... Autrement seront réputées nulles, et ne commenceront à avoir leur effet que du jour de la dite insinuation. » Ce texte précis semblait ne devoir laisser naître aucun doute. Cependant il s'en éleva. M. Bourdin, procureur général au Parlement de Paris, dans sa paraphrase de notre article, exempte de l'insinuation les donations faites en faveur du mariage et les donations rémunératoires. La question avait été ainsi jugée dans un arrêt qu'il cite (V. parap. de l'art. 132, p. 312).

97. C'est alors qu'intervint la déclaration de 1549, expliquant, que par donation il fallait entendre toutes les donations entre-vifs, et laisser de côté les donations à cause de mort. L'art. 58 de l'ordonnance de Moulins fut encore plus explicite. Il assujettit à l'insinuation les donations entre-vifs, mutuelles, onéreuses,

en faveur du mariage et autres « de quelque forme et qualité qu'elles soient faites ». Ces termes très clairs furent encore trouvés insuffisants; les auteurs et la jurisprudence discutèrent la question de savoir si les donations en faveur du mariage devaient être insinuées et on fit des distinctions.

Pour les donations faites par des étrangers, la question n'était pas discutée, on exigeait l'insinuation. Il y avait là donation provoquée par la seule intention libérale. Aussi ne trouvons-nous pas d'arrêts rendus sur cette hypothèse.

98. Mais la jurisprudence se divise pour les donations faites par les personnes chargées de doter, les parents en ligne directe. Un certain nombre d'arrêts dispensent de l'insinuation, par cette raison, que les donateurs ne faisaient que remplir leur devoir (V. arrêts de Brodeau, *Comm. sur Louët*, l. D, nom. 61). Cependant on prétendait que si la donation non insinuée était valable à l'égard des héritiers du donateur, il ne devait plus en être de même à l'égard de ses créanciers; les premiers, en effet, ne peuvent ignorer le mariage de leur frère ou sœur, et, par suite, doivent connaître, ou tout au moins supposer, les avantages qui leur sont faits; les créanciers, au contraire, peuvent connaître leur débiteur, seulement par les relations qui ont pu s'établir entre eux pour la constitution de la dette, et, par suite, ignorer le mariage : V. en ce sens arrêts 4 juin 1668, *mêm. rec.*, l. D,

nomb. 61 ; 2 janv. 1598 ; 22 fév. 1601, René Choppin, *Comm. de cout. de Paris*, liv. II, tit. III, n° 15).

Dans le ressort du Parlement du Dauphiné, les contrats de mariage portant donations n'étaient pas insinués (V. arr. 1657, *J. de aud.*, t. II, liv. 1, ch. xxvi).

99. Enfin, on faisait une troisième classe de donations en faveur du mariage ; celles que les conjoints se font entre eux. On distingue encore entre les donations réciproques et les donations pures et simples. Les premières furent dispensées d'insinuation, on y soumit les secondes (Louët, l. D, nombr. 64 ; arrêts du 8 juillet 1599 ; 18 mai 1602). Il n'y a pas là donation proprement dite , disait-on , mais convention matrimoniale.

100. Un édit de 1703 trancha ces questions et excepta de l'insinuation seulement les donations en ligne directe par contrat de mariage ; toutes les autres et les jugements prononçant la nullité de donations durent être insinuées sous peine de nullité. Un édit de juillet 1707 reproduisit ces prescriptions , de même une déclaration de mars 1708. Une déclaration du roi, du 25 juin 1729, décida, en outre, que les conventions ordinaires des contrats de mariage ne seraient pas soumises à l'insinuation sous peine de nullité, mais sous peine d'amende.

101. Enfin l'ordonnance de 1731 régla la matière. Elle dispensa formellement les donations faites en ligne directe par contrat de mariage. Ainsi désormais les

.donations faites par des étrangers, celles faites par acte séparé du contrat de mariage, mais s'y rapportant, devront être insinuées sous peine de nullité. Le fondement de la dispense n'existait plus, en effet, dans ce cas. Il ne s'agissait plus de l'acquittement d'une dette naturelle et par suite les intéressés pouvaient très bien ignorer la donation.

Toutes les autres donations, même rémunératoires et mutuelles durent être insinuées, quand même elles auraient été antérieurement égales. Cependant les gains de noce et de survie, à quelque valeur qu'ils puissent monter, ne seront pas nuls pour défaut d'insinuation ; on leur appliquera la déclaration de 1729, c'est-à-dire qu'il n'y aura pas nullité mais amende ; « En les déclarant nulles, on détruirait l'esprit et la liaison essentielle de toutes les clauses d'un contrat de mariage, et cela dans un temps où l'inconvénient que cette rigueur produirait ne pourrait plus être réparé. »

D'après l'art. 22, sont aussi dispensées les donations de meubles lorsqu'il y a tradition réelle, et celles qui n'excèdent pas 1,000 livres ; mais le défaut d'insinuation rend encore passible d'une amende. Il y avait là une dérogation à l'art. 68 de l'ordonnance de Moulins et à l'édit de 1703.

L'insinuation n'a pas encore disparu aujourd'hui, nous en retrouvons des traces dans les législations étrangères. D'après le Code bavarois (liv. III, chap. VIII, art. 7), la donation au-dessus de 1,000 florins doit être confirmée par jugement. En Bolivie (Code de 1843, art. 1050), toute donation excédant 2,050 sera insinuée.

## § 2. *Où doit se faire l'insinuation.*

102. D'après l'art. 132 de l'ordonnance de 1539, les donations devaient être insinuées « aux cours et juridictions ordinaires des parties ». On se demandait s'il s'agissait des justices seigneuriales ou royales. La déclaration de 1539 vint éclaircir ce point. Il décida la question en faveur des justices royales. L'ordonnance de Moulins (art. 58) donna une nouvelle explication, « l'insinuation sera faite aux greffes de nos justices ordinaires de l'assiette des choses données et de la demeure des parties ». Une déclaration de Louis XIII, de 1612 décida que peu importait que l'insinuation fût faite au bailliage ou à la prévôté pourvu que ce fût au siège de la juridiction la plus proche de l'immeuble donné, sans distinction entre les héritages nobles et les roturiers; mais à condition que le bien donné soit dans le ressort de cette juridiction (V. Bonif., tome I, p. 425; arrêt du Parlement de Provence, 31 janvier 1668). Cet enregistrement était fait par un greffier spécial créé auprès des juridictions par l'ordonnance de 1553 et qui percevait un droit de douze sous parisis par enregistrement. La

création de ces greffes était une source de bénéfices au profit du Trésor royal. Les titulaires achetaient leurs greffes au roi (Ord. de 1553). L'art. 19 de l'édit de 1703 décida qu'il n'y aurait qu'un seul greffe d'insinuation dans les villes où il y aurait bailliages, prévôtés et autres juridictions royales, et que toutes les insinuations devraient y être faites : « tant au greffe du lieu du domicile du donateur qu'à celui du lieu où les biens seront situés ». Une déclaration de juillet 1704 renouvela ces prescriptions d'insinuer aux greffes spéciaux ; elle exclut le ministère des juges et procureurs, c'est-à-dire que l'insinuation se fera sans jugement. La déclaration défend aux greffiers en chef des Cours royales de s'occuper de cette formalité. Par la même déclaration, il fut permis aux greffiers des insinuations d'avoir des commis assermentés dans le ressort du siège de leur établissement.

103. Enfin la déclaration de 1731, suivie de l'ordonnance, réglementa ce point. Nous aurons recours à l'interprétation qu'en donne Furgole ; elle a une grande importance. Il fut en effet consulté par le chancelier d'Aguesseau avant de la promulguer (let. inéd. de d'Aguesseau du 27 oct. 1733). D'après la déclaration de 1731 l'insinuation doit avoir lieu, « pour les biens qui ont une assiette, aux bureaux établis pour la perception des droits d'insinuation près les bailliages ou sénéchaussées, ou autre siège royal ressortissant aux cours de Parlement tant du lieu du domicile du dona-

teur que de la situation des biens donnés », et pour les meubles aux bureaux des baillages et sénéchaussées ressortissant aux cours du lieu du domicile du donateur seulement.

Si les biens sont situés dans l'étendue des justices seigneuriales, l'insinuation doit se faire aux bureaux établis près les sièges ayant connaissance des cas royaux dans ces justices. L'ordonnance de 1731, postérieure à la déclaration, ne parle plus des bureaux spéciaux : « l'insinuation aura lieu au greffe des baillages ». De là une difficulté fut soulevée. Fallait-il deux insinuations, l'une aux greffes ordinaires, l'autre aux bureaux spéciaux ? Le procureur-général Lemazuyer, au Parlement de Toulouse, consulta le chancelier sur ce point (V. Furg., ord. de Louis XV, t. I, p. 228, la réponse de d'Aguesseau). L'insinuation ne se fait point en double. On insinue aux baillages et sénéchaussées, mais ce sont les commis assermentés auprès de ces sièges, créés par l'édit de 1553, qui doivent faire l'insertion sur le registre spécial.

### § 3. *De la forme de l'insinuation.*

104. Avant l'ordonnance de 1731 on n'était pas d'accord sur la forme de l'insinuation. Les uns prétendaient que cette formalité devait se remplir à l'au-

dience, « les plaids tenant, les gens du roi ouïs et requérant le procureur des parties (V. arrêt du Parl.
de Provence, Bonif., t. 1, liv. VII, tit. II, chap. II,
n° 3). Prohibition et défense furent faites à tous lieute-
nants et juges de la province de faire les insinuations
des donations qu'en jugement ». D'autres, au contraire, prétendaient que la présence du juge était nécessaire, mais qu'il n'était pas besoin d'un jugement
(d'Argentré, *Comm. sur cout. de Bretagne*, art. 238,
préf., n° 22). « Addimus insinuationes inter actus vo-
« luntariæ juridictionis reponi, quorū omniū natura
« est vocationem cujusque, nec ullum judiciale cogni-
« tionem exigere et omni loco, et tempore fieri posse,
« etiam in magistratus cubiculo ».

105. L'ordonnance (art. 24) fit disparaître cette divergence. L'insinuation est la transcription pure et
simple de l'acte sur le registre et la présence du juge
est inutile. La lettre de d'Aguesseau du 10 septembre
1739 ne laisserait aucun doute si le texte de l'ordonnance en permettait un. « Les donations ne sont sujettes qu'à l'insinuation ; il n'y a que les substitutions
qui exigent la solennité de la publication..... Les offi-
ciers des sénéchaussées doivent d'autant plus restituer
les droits qui leur ont été payés à cette occasion qu'il
ne leur en serait dû aucun quand même la publication
serait nécessaire ». Il suffit donc de copier l'acte sur
un registre qui doit être coté et paraphé par le lieute-
nant général, ou en son absence par le plus ancien

officier du siège. La transcription se fait sur la présentation de la grosse ou expédition en forme délivrée par le notaire, sans qu'il soit nécessaire de rapporter la minute. Le registre est public (art. 25) et le dépositaire doit en délivrer des extraits, signés de lui, lorsqu'il en est requis.

106. D'après l'art. 98 de l'ordonnance de 1539, l'insinuation devait être faite dans les quatre mois de la donation, lorsque les biens et les personnes étaient dans le royaume, et dans les six mois dans les autres cas ; elle pouvait encore être faite après ce délai si le donateur était vivant, mais sans effet rétroactif. On se demandait alors s'il fallait une procuration du donateur.

Oui, disaient les uns, le délai passé on ne peut insinuer, et si la survie du donateur, à l'expiration de ce délai, permet d'insinuer encore, c'est parce que le donateur, en fournissant un nouveau consentement, renouvelle pour ainsi dire la donation. Cependant, telle n'était pas l'opinion générale. L'insinuation, dit Ricard (p. 291, tome I), ne regardant pas le donateur, il ne dépend pas de lui de l'empêcher, puisque la donation subsiste toujours à son égard (V. Bonif, tome I, liv. VII, tit. II, chap. VIII, n° 1, un arrêt où les raisons pour ou contre sont présentées). L'avocat général conclut en faveur de la validité de l'insinuation sans nouveau consentement. D'Argentré (cout. de Bretagne, préf., art. 218) n'exige pas la présence du donateur :

« Nihil est necesse donatori vocari ad insinuationem.

« Qui potest invito, potest et ignorante alio. »

107. L'ordonnance renvoie aux délais prescrits par les anciennes ordonnances, et l'art. 26 ajoute que « l'insinuation pourra encore être faite après le décès du donateur et du donataire dans les délais prescrits; la donation aura encore effet du jour de sa date. » L'insinuation pouvait encore être faite après les délais, pourvu que le donateur fût encore vivant; mais, dans ce cas, la donation n'avait effet que du jour de l'insinuation. La vie du donataire importait peu du reste. Il y avait là une dérogation à l'ancienne jurisprudence qui l'exigeait (V. arr. Parl. de Paris, 17 av. 1600. *Rec.* de Louët, l. D., nom. 4, n° 3).

## § 4. *Par qui peut être opposé le défaut d'insinuation?*

(Art. 27-32 de l'ordonnance de 1731.)

108. L'ordonnance de 1539 semblait accorder ce droit à tous, même au donateur, « autrement seront nulles et ne commenceront à avoir leur effet que du jour de l'insinuation ». On prétendait alors, d'après ce texte, que l'insinuation était de l'essence de la donation. Le Parlement de Toulouse soutenait avec persistance cette opinion (V. Maynard, *Quest. nat. de droit*

*écrit*, liv. II. chap. LX). Dans une autre opinion, au contraire, on soutenait que la donation était parfaite en soi, et que le donateur était obligé par l'acte lui-même. L'insinuation, disait-on, est une mesure de publicité, et le donateur ne pouvait ignorer un acte dans lequel il avait été partie. Les héritiers du donateur, tenus de ses obligations, ne pouvaient pas plus que lui se prévaloir du défaut d'insinuation. L'ordonnance de Moulins vint trancher la question. Les héritiers du donateur eurent le droit d'opposer le défaut d'insinuation, mais le donateur fut exclu de ce bénéfice; « à faute de ladite insinuation, seront et demeureront les donations nulles, tant pour le regard des héritiers que des créanciers du donateur ».

Le Parlement de Toulouse, imbu de la jurisprudence romaine, a conservé au donateur le droit d'opposer le défaut d'insinuation après les délais fixés par l'ordonnance (V. Maynard, *op. cit.* liv. II, chap. LX, n° 4), « et ainsi par la Cour il a été souvent jugé en la Chambre des enquêtes, ou de notre temps pour le moins cette maxime avait été ainsi vidée et résolue. » Mais l'usage de ce Parlement se modifia tellement qu'il dépassa l'ordonnance, et Ricard (*Don.*, n° 1237) rapporte un acte de notoriété de 1675, d'après lequel les créanciers seuls, et non plus les héritiers du donateur, pouvaient opposer le défaut d'insinuation. Cette résistance, qui se produisit tout d'abord contre l'ordonnance de Moulins ne fut pas spéciale au Parlement de

Toulouse. On la constate aussi dans le Parlement de Paris. Louët (l. D, nomb. 4, n° 10) rapporte un arrêt de ce Parlement daté du 30 juin 1592, dans lequel la Cour a décidé que l'héritier ne peut opposer le défaut d'insinuation. Mais il ne s'agit ici que d'un cas isolé, les autres arrêts se conforment à l'ordonnance (V. même recueil, let. D, *in fine*).

109. Enfin l'ordonnance de 1731 ne laisse aucun doute sur la question. Le principe est que toute personne ayant intérêt à opposer le défaut d'insinuation peut le faire, excepté toutefois le donateur. Ce principe est basé sur le but de l'insinuation, la publicité; or il est évident qu'à l'égard du donateur cette publicité est inutile. Le défaut d'insinuation peut être opposé, dit l'ordonnance, « tant par les tiers acquéreurs et créanciers du donateur que par ses héritiers donataires postérieurs et légataires ». L'héritier du donateur peut donc opposer le défaut d'insinuation. Cette faculté, qui lui est laissée est en opposition avec son obligation de remplir tous les engagements du défunt; c'est vrai, mais elle se justifie par une considération d'ordre public. L'ignorance de la donation a pu engager des héritiers à accepter une succession qu'ils croyaient bonne. Cette raison qui peut avoir sa valeur dans un certain nombre de cas, peut être annihilée en prouvant que l'héritier avait connaissance de la donation.

110. Devait-on, dans ce cas, lui laisser encore le droit d'opposer le défaut d'insinuation? La question

était déjà discutée. Boniface (tome I, liv. VII, tit. II, chap. xiii) rapporte un arrêt du Parlement de Provence du 16 juin 1651, qui se prononce contre le droit de l'héritier. L'avocat général avait conclu en ce sens. Guy Coquille en ses *Questions* (chap. clxv) tranche la question dans le même sens. L'ordonnance est formelle et ne fait pas de distinction. Elle donne un moyen de rendre publique la donation et l'indique comme obligatoire évitant ainsi de nombreuses discussions de fait. Aussi l'opinion générale était en faveur de l'héritier (Furgole, sur l'ord. de 1731. Ricard, n° 1252 rapporte un arrêt en ce sens prononcé solennellement par le président Séguier).

111. Néanmoins ceux qui sont chargés de faire insinuer ou leurs héritiers ne peuvent opposer l'omission de cette formalité (art. 30 de l'ord.). Le mari ne peut opposer le défaut d'insinuation pour un bien donné à sa femme, à moins que le bien ne soit paraphernal et que la femme n'en ait la libre jouissance et administration. Mais après la mort du mari, ses héritiers peuvent-ils se prévaloir de ce que la femme n'a pas fait insinuer dans les quatre mois de son décès ? Avant l'ordonnance de 1731 la question était déjà discutée, ainsi qu'on peut le conclure du nombre d'arrêts qui ont été rendus sur ce point (Louët, let. D, nomb. 1, n° 1 ; 21 fév. 1595, nomb. 417 ; juin 1606, 14 juil. 1587). La raison de douter en faveur des héritiers était que les anciennes ordonnances avaient déclaré nulles les

donations non insinuées à l'égard de l'héritier du donateur ; elles avaient donné par là à cet héritier une action personnelle, qui lui appartenait de son chef, pour opposer au donataire le défaut d'insinuation. Mais la femme répondait que l'héritier n'était pas recevable dans sa demande, parce que le mari était chargé de faire insinuer et que ses héritiers étaient tenus de l'action en garantie qu'elle avait contre le défunt (V. les arr. cités). Il en est de même du tuteur et de ses héritiers pour les biens donnés au mineur. Une seule exception avait été admise à cette règle en faveur des héritiers du donateur qui pouvaient opposer le défaut d'insinuation, bien que le donateur se fût chargé expressément de faire insinuer. La raison en est que cette clause devenue de style aurait permis de violer l'ordonnance.

112. Il y avait là une protection pour les incapables. Elle était cependant limitée par l'intérêt des tiers. La femme et le mineur, malgré leur qualité de femme mariée et de personne en tutelle, pourront se voir opposer le défaut d'insinuation (art. 28 de l'ordonnance) : « La femme commune en biens ou séparée de son mari... ». Cet article tranchait la question très discutée jusqu'alors. On trouve un certain nombre d'arrêts « où la Cour a usé d'équité », selon l'expression de Charondas qui les rapporte, et a jugé que les délais ne couraient pas contre la femme mariée (Code Henry, liv. VI, tit. IV, n° 1). « La femme qui est en

puissance du mari et par le dol duquel a été omise l'insinuation peut être relevée dudit défaut par lettres »
(26 mars 1585; 14 juillet 1586; 24 mars 1578; 12 mai
1581). L'art. 135 de l'ordonnance de 1629 donna aux
femmes quatre mois pour faire insinuer après la mort
de leur mari, mais cette ordonnance n'était observée
que pour les donations faites par une autre personne
que le mari (Arr. de Paris, 17 décembre 1669, t. III;
*Journ. des Aud.*, liv. III, chap. xxi; Arrêt du Parl. de
Prov., 12 décembre 1639; Louët, let. I, n° 14).

Notre article a tranché la difficulté, et à ce point de
vue la femme et le mineur sont soumis au droit commun, sauf bien entendu leur recours contre les personnes en faute.


## § 5. *Prescription du défaut d'insinuation.*


113. Le droit d'opposer le défaut d'insinuation se
prescrivait, comme tous les autres, par trente ans. Si
donc le donataire possédait pendant trente ans, à partir de la mort du donateur, l'héritier ne pouvait plus se
prévaloir du défaut d'insinuation. On considérait, en
effet, cette prescription comme extinctive et, par suite,
ne commençant à courir que du jour de la naissance
du droit des tiers; pour l'héritier, du jour de la mort
du donateur, et pour les créanciers du jour de la nais-

sance de leur créance. Cependant ceci n'était pas admis sans conteste, et nous trouvons des arrêts où la prescription de dix à vingt ans était considérée comme suffisante (V. Bonif., t. I<sup>er</sup>, p. 426). Ils donnaient à cette prescription le caractère de prescription acquisitive. Mais même ainsi considérée, il nous paraît que la prescription de trente ans devait seule être admise. Le point de départ devait être le jour de l'entrée en possession. Le titre, en effet, sur lequel se basait cette prescription n'était pas un juste titre tant qu'il n'y avait pas d'insinuation. La même question se pose sous notre législation actuelle, nous l'y retrouverons.

## § 6. *Rapprochement avec l'enregistrement des substitutions.*

114. A côté de l'insinuation des donations, nous trouvons la publication et l'enregistrement des substitutions, dont nous devons dire quelques mots pour faire un rapprochement avec le sujet qui nous occupe, mais sans en faire une étude spéciale. Toutes substitutions devaient être insinuées et publiées (art. 18, t. II, ordonn. de 1747) en jugement, l'audience tenant, et enregistrées au greffe du siège où la publication était faite. Cette publication aura toujours lieu auprès d'une juridiction royale désignée de la même manière que

pour l'insinuation des donations. Elle devra être faite dans le délai de six mois, à partir de sa date, pour celles faites par acte entre-vifs, et à partir de la mort du disposant lorsqu'elle sera contenue dans une disposition à cause de mort. Après l'expiration des six mois elle peut encore être faite, mais l'acte n'a d'effet que du jour de cette publication. Elle sera faite à la diligence des donataires, héritiers institués, légataires universels ou particuliers qui seront grevés de la substitution. Jusqu'ici il y a analogie avec les donations, mais il y a divergence sur les personnes, qui peuvent opposer le défaut de publication et enregistrement de la substitution et de l'insinuation de la donation.

115. L'ordonnance de 1553, avait chargé les grevés de faire publier sous peine de perdre leur droit. L'ordonnance de Moulins reproduisit l'obligation et prononça la nullité comme sanction. On discuta alors beaucoup sur la question de savoir si l'acte tout entier était nul, et si tout intéressé pouvant invoquer cette nullité, les biens suivraient leurs cours légal. Un grand nombre d'arrêts décida que le grevé ne pourrait se prévaloir du défaut de publication, mais seulement les créanciers et tiers détenteurs (v. *Rec.* de Louët, lettre S, n° 3). Les substitués mineurs n'étaient d'ailleurs pas recevables contre le défaut de publication. Les substitutions étant presque toujours faites en faveur de mineurs ou même de personnes à naître, l'ordonnance n'aurait presque jamais eu d'application sans cette dis-

position. Il faut, bien entendu, écarter le cas de fraude de la part de l'acquéreur (arrêt du 29 juillet 1658, v. *Dict. des arrêts*, au mot *publication*).

116. On discutait la question de savoir si l'héritier pouvait opposer le défaut de publication. L'ordonnance de Moulins, en effet, ne le chargeait pas de faire publier, mais elle n'abrogeait pas non plus l'édit de 1553, qui le chargeait de cette publication. La jurisprudence fit une distinction. Si l'héritier est *ab intestat* « il peut prétendre juste cause d'ignorance, disent les arrêts » (arr. de 1582, 10 fév., Chamb. des enquêtes ; Louët, let. S., nomb. 3, n° 2). S'agit-il au contraire d'un héritier institué, on le déclare non recevable à débattre la substitution (arrêt du 7 septembre 1583, prononcé en robes rouges par le prés. de Harlay, même rec., *eod. loco*). Maynard (*Quest.*, tome I, liv. V, chap. xiv), indique cette opinion comme jurisprudence constante des Parlements de Paris et Toulouse. Ricard la combat (*Traité des subst.*, chap. xiii, sect. ii, partie II, n° 124) : « Ceux qui défendent cette opinion s'abusent grossièrement, faute d'avoir considéré le fondement de la question, d'autant que l'héritier *ab intestat* ne peut jamais être intéressé en la publication de la substitution, si ce n'est qu'il ne soit lui-même héritier institué à charge de la restitution ; auquel cas, on ne peut pas dire qu'il mérite en cette occasion plus de faveur qu'un étranger ». L'art. 34 de l'ordonnance de 1747, mit fin à cette discussion. « Les donataires, héritiers institués,

légataires universels ou particuliers de celui qui aura fait la substitution, ni pareillement leurs donataires, héritiers substitués ou légitimes et légataires universels et particuliers, ne pourront en aucun cas opposer au substitué le défaut de publication et d'enregistrement de la substitution ».

117. Le défaut d'insinuation, au contraire, peut être opposé par les héritiers du donateur. Cette différence est très légitime. En cas de donation, le donataire ne pouvait s'imputer qu'à lui-même la faute de n'avoir pas fait insinuer; le substitué, au contraire, n'a rien à se reprocher, puisque les ordonnances chargent l'héritier institué de faire faire la publication.

# DEUXIÈME PARTIE

---

## DROIT INTERMÉDIAIRE

---

### § 1. *Période antérieure à la loi de brumaire.*


118. D'après l'ordonnance de 1731, l'insinuation devait se faire aux greffes des juridictions royales ressortissant des Parlements; mais le décret des 6-7 et 11 septembre 1790, renversant l'ancienne organisation judiciaire par la suppression des cours et tribunaux d'ancienne création supprimait par là même leurs greffes. Il conserva cependant l'insinuation qui dut être faite (art. 24), près le tribunal du district dans l'arrondissement duquel les immeubles étaient situés et le décret ajoute : « sans avoir égard aux anciens ressorts ».

119. Cette formule n'était pas assez explicite, et en effet, des doutes s'élevèrent sur deux points (V. Merlin, *Répert.*, au mot *donation*, sect. VI, § 2). D'abord le dé-

cret ne parlait que des immeubles, on se demanda donc
si les donations de meubles étaient dispensées de l'insinuation. De plus, les derniers mots du décret avaient
laissé supposer qu'il n'y avait de modifications que
pour les juridictions royales mais non pour les bureaux
institués en dehors de ces justices et que l'on pourrait
continuer à insinuer auprès d'eux. Et, en pratique,
c'est ainsi que le décret fut interprété. Cependant, tel
n'était pas son sens véritable. Il visait toutes les juridictions ; dans un intérêt d'ordre public, un décret
du 27 janvier 1791, art. 7, valida les insinuations faites
à l'encontre des prescriptions du décret de 1790. L'insinuation aura lieu aux greffes des tribunaux de district de la situation des immeubles, sans qu'on puisse
arguer de nullité les insinuations qui, depuis la publication du décret de 1790, jusqu'à celle du présent, auraient pu être faites par une interprétation erronée
dans les bureaux des lieux où il n'existait ci-devant que
des justices seigneuriales et où sont actuellement établis des tribunaux de district. Le même décret, dans
son art. 7, déclare que par la disposition ci-dessus du
décret de 1790, il n'est pas dérogé à l'ordonnance de
1731 ni aux autres lois sur la matière. L'insinuation
des donations de meubles sera faite au tribunal du domicile du donateur. Les deux points douteux du décret de 1790 étaient donc éclaircis.

120. Nous trouvons ensuite un décret du 24 ger-
minal an III, qui décide que les donations postérieures

au 1ᵉʳ avril 1793, qui ne seraient pas insinuées, pourraient l'être dans les trois mois à compter du décret sans payer double droit, mais sans nuire aux droits des tiers.

121. Le dernier décret sur la matière est celui du 9 messidor an III, appelé Code hypothécaire. Sans s'occuper spécialement des donations ce décret prescrit une formalité spéciale, nécessaire à toute transmission de propriété. Tout nouveau propriétaire doit notifier et déposer expédition de son contrat dans le mois de sa date au bureau de conservation des hypothèques dans l'arrondissement duquel les biens sont situés (art. 105). Le conservateur tient registre de ces notifications. La propriété n'est transférée qu'à cette condition.

122. Une loi du 21 nivôse an IV, intitulée loi additionnelle au Code hypothécaire, ordonna le transport aux chancelleries des tribunaux civils du département, et chez les conservateurs des actes qui étaient aux chancelleries des anciens tribunaux de district et conservations. Une loi du 19 ventôse an IV, vint proroger jusqu'au 1ᵉʳ messidor, le terme indiqué pour l'introduction du système hypothécaire de messidor, pour y apporter des modifications. Le 19 prairial, sous le même prétexte, ce terme fut encore reculé jusqu'au 1ᵉʳ fructidor.

## § 2. *Loi de brumaire.*

123. Vint enfin la loi du 11 brumaire an VII, intitulée loi sur le régime hypothécaire qui dans son titre II, sous la rubrique : « du mode de consolider et purger les expropriations », établit une publicité pour tous les actes translatifs de biens et droits susceptibles d'hypothèque. Ces actes (art. 26), devront être transcrits sur les registres du bureau des hypothèques dans l'arrondissement duquel les biens sont situés. Jusque-là ils ne peuvent être opposés aux tiers qui auraient contracté avec le vendeur, et qui se seraient conformés aux expositions de la présente.

« Art. 28. La transcription prescrite par l'art. 26, transmet à l'acquéreur les droits que le vendeur avait à la propriété de l'immeuble.... »

Tant que la transcription n'est pas faite, l'acheteur ou donataire n'est pas propriétaire à l'égard des tiers, mais seulement à l'égard du vendeur ou donateur.

124. Les donations furent dès lors soumises à deux formalités ayant le même but, la publicité. Cependant, nous trouvons un arrêt en sens contraire d'après lequel les donations n'auraient pas été soumises à la transcription. C'est la seule décision de jurisprudence, sur le droit intermédiaire, que nous ayons trouvée en cette

matière. Il est du 25 mars 1807 (Devill., 2ᵉ vol., 2ᵉ p., p. 218, Grenoble).

« Attendu que la loi de brumaire (art. 26) n'a entendu assujettir à la transcription que les actes translatifs de biens et de droits à titre onéreux.

« Que cette interprétation est tellement conforme à son esprit que, dans chaque article du titre II le législateur ne rappelle que les garanties du vendeur et acquéreur incompatibles avec celles du donateur et donataire... »

125. Mais cette jurisprudence ne fut pas admise ; nous verrons, en effet, dans les travaux préparatoires du Code, que les donations étaient soumises à nos deux formalités et que les législateurs ont hésité beaucoup avant de choisir celle qu'ils conserveraient.

Ces deux formalités qui avaient le même but ne produisaient pas les mêmes effets :

Le défaut d'insinuation annulait la donation à l'égard de tous, sauf le donateur, même à l'égard de ces héritiers.

Le défaut de transcription, au contraire, laissait subsister la donation, mais empêchait son efficacité à l'égard des tiers qui auraient acquis depuis des droits sur le bien donné et les auraient conservés en se conformant à la loi.

L'insinuation s'appliquait à toutes donations même mobilières ; la transcription ne visait au contraire que les immeubles.

Les rédacteurs du Code se trouvaient donc en présence de cette double formalité. Quel système adoptèrent-ils, nous allons essayer de le déterminer dans notre troisième partie.

# TROISIÈME PARTIE

## LÉGISLATION DU CODE CIVIL

### CHAPITRE PREMIER

LES DISPOSITIONS DU CODE DOIVENT-ELLES ÊTRE INTER-
PRÉTÉES D'APRÈS LES RÈGLES DE L'ANCIENNE INSINUA-
TION OU D'APRÈS LA LOI DE BRUMAIRE?

126. L'idée dominante qui a dirigé les législateurs
est celle de la nécessité d'une publicité. On ne peut
nier qu'elle ait été suggérée plutôt par l'ancienne insinuation que par les dispositions de loi de brumaire.
Celle-ci, en effet, régissait les actes translatifs de propriété immobilière susceptible d'hypothèque aussi
bien à titre onéreux qu'à titre gratuit. Si elle était la
seule origine des dispositions du Code sur la publicité
en matière de donation, nous retrouverions au titre de
la vente des dispositions semblables car la loi de bru-

maire ne distinguait pas. Il faut donc chercher ailleurs cette origine et c'est dans l'ancienne insinuation que nous la trouvons.

127. Cependant, après avoir admis ces principes, nous ne les considèrerons pas comme absolus; les législateurs s'en sont écartés dans l'application, pour donner la prépondérance au système de la loi de brumaire. Il fallait supprimer l'une des deux formes de publicité, ce fut la transcription de loi de brumaire qui l'emporta.

L'art. 55 du projet Jacqueminot était ainsi conçu :

« Les donations d'immeubles et autres droits susceptibles d'hypothèque doivent être transcrits...

« Jusque-là ces donations ne peuvent être opposées aux tiers qui auraient traité avec le donateur ».

Le projet du gouvernement, au contraire, faisait reparaître l'insinuation :

« Les donations d'immeubles... doivent être rendues publiques par l'insinuation sur le registre dans les bureaux et formes indiquées par la loi concernant les bureaux d'insinuation ;

« Jusque-là elles ne peuvent être opposées aux tiers qui auraient contracté avec le donateur. »

L'un des projets conservait la transcription, l'autre l'insinuation, mais ils étaient d'accord sur un point : l'intérêt des tiers ayant traité avec le donateur était sauvegardé.

A la séance du Conseil d'Etat du 12 ventôse an XI,

Bigot-Préameneu, rapporteur, présenta la rédaction qui est admise dans le Code (Loc., t. XI, p. 209) et exposa que le projet dérogeait à l'ancienne législation sur l'insinuation, mais que ce changement s'expliquait par la loi de brumaire qui, en exigeant la transcription au bureau des hypothèques, rendait l'insinuation inutile, puisque la publicité était obtenue par ce moyen. Il est vrai que la transcription au bureau des hypothèques laisse de côté les donations mobilières; mais il ne faut pas, dit le rapporteur, pour des espèces rares, embarrasser la législation d'une formalité dont il sera facile du reste de se dispenser.

Mais, une division s'était opérée dans le Conseil. Tronchet proposa de laisser subsister les deux formalités jusqu'à ce qu'on eût statué sur la loi de brumaire et le régime hypothécaire.

Jollivet répondit que l'insinuation n'était pas établie partout : que la transcription était au contraire générale dans toute la France, qu'il était donc préférable d'adopter ce mode de publicité. Ce qui fut fait.

Enfin, au Corps législatif, dans la séance du 2 floréal an XI (Loc., p. 839), Bigot-Préameneu reprit cette idée que l'insinuation était inutile depuis que la publicité était obtenue par transcription.

128. Il nous semble que ces considérations conduisent à la conclusion suivante : L'idée première vient de l'ancienne insinuation, mais l'application en est faite par des moyens tirés de la loi de brumaire

Il ne faut donc pas rejeter d'une façon absolue l'un ou l'autre système, mais voir dans les dispositions du Code sur notre matière une combinaison de ces deux législations et non la reproduction littérale de l'une ou de l'autre. Nous chercherons en conséquence à interpréter les dispositions du Code en elles-mêmes en nous attachant au sens le plus naturel.

129. Nous aurons à examiner les questions suivantes :

1° Quels actes sont soumis à la transcription ?

2° Où et dans quel délai la transcription doit-elle être faite ?

3° Qui peut et qui doit faire faire la transcription ?

4° Quels sont les effets du défaut de transcription, et quelles personnes peuvent l'opposer ?

5° Comment on peut appliquer les principes de la prescription à la matière de la transcription ?

# CHAPITRE II



### § 1. *Principe de l'art. 939.*

130. D'après l'art. 939, toute donation de biens susceptibles d'hypothèque devra être transcrite au bureau des hypothèques de l'arrondissement dans lequel ces biens sont situés. Il en est de même de l'acte d'acceptation lorsqu'il est fait séparément et de la notification de cet acte.

131. Tel est le principe que beaucoup de législations ont reproduit. En Russie, les donations d'immeubles doivent être faites dans la forme prescrite pour les actes fonciers en général, c'est-à-dire que les actes doivent être dressés sur les registres fonciers (art. 424 et 587; l. c. russe, trad. sur les act. off., par un jurisconsulte russe. Bibl. du comité de législ. comp.). En Angleterre, le *land transfer act* (st. 38, 39, Vict. C. 87) établit, pour les transferts de propriété immo-

bilière, la transcription sur des registres publics, mais il n'en fait pas une formalité obligatoire. Nous verrons plus loin son effet (V. *Ann. de législ. étr.*, V, p. 178).

Le Code italien reproduit notre Code civil et la loi de 1855. « Doivent être rendus publics par la transcription, les actes à titre gratuit ou onéreux translatifs de propriété immobilière ou d'autres droits ou biens susceptibles d'hypothèque (art. 1932. Huc et Orsier, traduc. du Code italien). Le droit commun allemand (art. 364. Anthoine de Saint-Joseph, *Concordances*, vol. I, p. 88), le Code des îles Ioniennes (art. 847. Même ouvr., vol. II, p. 515), le Code de la Louisiane (art. 1541), le Code néerlandais (art. 1712. Trad. de Gustave Tripels, 1886, Bibl. du com. de législ. comparée) exigent la transcription.

132. Quels sont donc les biens susceptibles d'hypothèque ? L'art. 2118 les énumère.

Sont seuls susceptibles d'hypothèque :

1° Les biens immobiliers qui sont dans le commerce, et leurs accessoires réputés immeubles.

2° L'usufruit des mêmes biens et accessoires pendant le temps de sa durée.

## § 2. *Servitudes. — Usage. — Habitation.*

133. Quant aux immeubles par nature ou par desti-
nation, la loi ne présente pas de difficultés d'interprétation. Mais elle semble faire une exception pour les
biens immobiliers de l'art. 526 ; les immeubles par
l'objet auquel ils s'appliquent. Pourquoi dire expressément que l'usufruit des biens indiqués dans le 1° de
l'art. 2118 sont susceptibles d'hypothèque, puisque
cet usufruit est lui-même immeuble d'après l'art. 526,
si on ne fait pas de ces biens une classe tout à fait à
part ? Voici la raison qui a guidé le législateur. On ne
peut hypothéquer une servitude, parce qu'il serait inutile de pouvoir le faire. Il s'agit, bien entendu, d'une
servitude considérée en elle-même et séparée du fonds
auquel elle appartient. Il est clair, en effet, qu'en hy-
pothéquant un fonds, on hypothèque ses servitudes
actives. Quel est le but de l'hypothèque ? C'est de permettre au créancier de poursuivre la vente aux enchères du fonds hypothéqué ; or, une servitude ne
peut être vendue aux enchères ; elle n'est utile qu'à
une seule personne.

De même, les droits d'usage et d'habitation ne peuvent être hypothéqués, parce qu'ils ne sont pas ces-
sibles (art. 631 et 634).

134. Il semble donc que par là même, la question de savoir si une donation de ces droits doit être transcrite est tranchée dans le sens de la négative. L'opinion contraire a pourtant été soutenue par un grand nombre d'auteurs et par la jurisprudence (Riom, 23 mai 1842 ; S., 1842, 2, 340. Delvincourt, Grenier, Coin-Delisle). Dans ce système, on interprète l'art. 939 du Code civil comme prescrivant la transcription des donations de tous les droits immobiliers en général. Ce n'est que par exception, en effet, que les droits de servitude, d'usage et d'habitation ne peuvent être hypothéqués ; il ne faut pas tenir compte ici de cette exception. Le but de la transcription est d'empêcher des acquéreurs ou des créanciers de se trouver dépouillés de leur gage ou propriété ; or, il est certain qu'en donnant une servitude à mon voisin, je diminue ma propriété autant que si je donnais une partie du fonds luimême. Cette donation doit donc être rendue publique. Ce raisonnement est certainement très logique. Il y aurait grand intérêt à ce que cette transcription eût lieu ; mais le Code a prescrit la transcription comme une mesure tout à fait spéciale en énumérant les cas où elle serait exigée ; nous ne pouvons les augmenter en nous basant sur des considérations très justes, il est vrai, mais qui nous conduiraient hors du texte de la loi. La Cour de Bordeaux s'est prononcée en ce sens dans un arrêt du 10 juillet 1856 (D., 57, 2, 56). Le Code italien soumet ces donations à la formalité de la transcription (art. 1932).

## § 3. *Emphytéose.*

135. La cession à titre gratuit d'un immeuble possédé à titre d'emphytéose doit-elle être transcrite? —
La solution de cette question dépend de l'opinion adoptée sur la nature de l'emphytéose. Est-ce un droit
immobilier susceptible d'hypothèque? L'art. 6 de la
loi de brumaire l'indiquait comme tel. Le Code civil
n'a pas reproduit cette disposition, et ne parle nulle
part de ce droit. L'art. 2118 énumérant limitative-
ment les biens susceptibles d'hypothèque, c'est à lui
que nous devons nous reporter. Les art. 526 et 543
auxquels il renvoie, passent également sous silence le
bail emphytéotique. Pourquoi donc le distinguer du
bail ordinaire quand aucune disposition législative ne
lui attribue un caractère spécial. Ceux que lui attribue
la jurisprudence nous paraissent d'autant plus arbi-
traires que le contrat de bail ordinaire est susceptible
de toutes les modifications convenant aux parties.

§ 4. *Actions immobilières.*

136. Que faut-il décider pour la cession d'actions immobilières telles que les actions en rescision pour lésion ou en réméré. Il semble au premier abord qu'il ne peut y avoir de doute ; ces actions ne sont pas des biens susceptibles d'hypothèques. Mais au fond qu'est-ce que la cession de ces actions ? Celui qui a à sa disposition l'action en rescision, n'est-il pas propriétaire sous condition suspensive, et en cédant cette action ne cède-t-il pas ce droit de propriété ? Une action n'existe qu'autant qu'elle fait valoir un droit et ne peut être cédée ici sans la propriété de l'immeuble sur laquelle elle s'exercera : « Is qui actionem habet ad rem « recuperandam, rem ipsam habere videtur. »

137. Mais objecte-t-on (Cass., 23 prairial an XII ; S., t. I, p. 983), cette action en rescision pour lésion n'aura pas toujours pour effet de faire passer la propriété de l'immeuble à celui qui l'intente ; l'acquéreur pourra se libérer en payant un supplément de prix (art. 1681). C'est vrai ; mais que demande celui qui intente l'action en rescision (art. 1674) : « Si le vendeur a été lésé de plus des sept douzièmes dans le prix d'un immeuble, il a droit de demander la rescision de la vente. » La loi ne lui donne donc pas le droit de de-

mander un supplément de prix, il ne peut demander que la rescision de la vente. Le choix laissé à l'acheteur ne change pas la nature de l'action, il ne faut voir là qu'une *facultas solutionis* (Troplong, *Don.*, n° 1165; Dur., t. VIII, n° 504).

138. De même, le vendeur à réméré est propriétaire sous condition suspensive. La jurisprudence l'a cependant plusieurs fois considéré comme créancier (Besançon, 22 nov. 1822 et Ch. des req. rej., 21 déc. 1825; S., 26, 1, 275. Bordeaux, 5 janv. 1833; S., 33, 2, 188). Mais il est facile de se convaincre que le vendeur à réméré est bien propriétaire sous condition suspensive. En effet, l'art. 1664 lui donne le droit de suite; il peut reprendre le bien dans les mains d'un second acheteur; et l'art. 1673 le droit de préférence puisqu'il reprendra le bien libre de toutes les charges dont l'acquéreur pourrait l'avoir grevé. Il y a là plus qu'un droit de créance. Donc, tant qu'il est dans le délai du réméré, le vendeur peut hypothéquer le bien sous condition suspensive de son réméré (art. 2125). S'il cède cette action il ne le pourra plus (C. de Douai, 22 juil. 1820; S., t. XXI, 2, 247). Il y a donc là cession d'un bien immobilier, susceptible d'hypothèque, et par suite soumise à l'application de l'art. 939 du Code civil.

139. Il en est de même de l'action en résolution d'une vente pour défaut du payement du prix; nous pensons que la cession à titre gratuit de cette action doit être transcrite. Ce système n'est généralement pas

admis. On dit, dans l'opinion contraire à celle que nous allons soutenir : celui qui a vendu son immeuble a perdu *hic et nunc* sa propriété, il ne lui reste à la place qu'un droit de créance. Son action en résolution garantie de ce droit est motivée par un fait postérieur à la vente pour la vérification duquel la présence de l'acheteur est nécessaire, aussi cette action personnelle ne peut être intentée directement contre le tiers acquéreur. L'action en revendication sera, il est vrai, intentée contre ce tiers, mais seulement après que l'action en résolution intentée contre l'acheteur aura abouti. Cette action réelle en revendication n'est là que comme accessoire de cette action personnelle et c'est cette dernière seule qui est cédée (Aubry et Rau, *C. C civ.*, § 704, A; Demol., *C. C. civ.*, t. XX, p. 235).

140. Nous répondons : un vendeur, comme toute personne ayant fait un contrat synallagmatique, peut choisir entre deux moyens lorsque son contrat n'est pas exécuté par l'autre partie (art. 1184-2°). Il peut la forcer à l'exécution de la convention ou en demander la résolution. L'art. 1654 n'ajoute rien à cela. En vertu de ce second moyen de l'art. 1184, et reproduit par l'art. 1654, le vendeur est encore propriétaire de son immeuble sous condition suspensive, du non-payement et du prononcé du jugement de résolution. C'est ce droit de propriété qu'il a cédé en transmettant son action en résolution. On nous objecte alors, comme on l'a déjà fait dans les cas de cession de l'action en

rescision pour lésion, que l'acquéreur n'a qu'à payer son prix même après que l'action est intentée pour qu'il n'y ait pas retour de propriété; nous répondrons de la même façon, qu'il n'y a encore pour lui qu'une *facultas solutionis*, c'est une faveur qui lui est faite par la loi, mais qui ne change pas la nature des droits de chacun et qui peut disparaître par une stipulation contraire (art. 1656) (Troplong, *Don.*, t. III, n° 1165).

## § 5. *Droits successifs.*

140. De même encore la cession à titre gratuit de droits successifs doit être transcrite lorsque des biens susceptibles d'hypothèques dépendent de la succession.

Les héritiers (art. 724) sont saisis de plein droit des biens du défunt; ils ont donc un droit de propriété sur les biens qui composent la succession, et par suite si elle comprend des biens susceptibles d'hypothèque, il y aura dans la cession des droits successifs, donation des biens susceptibles d'hypothèque et application de l'art. 939 (V. Cass. du 21 janv. 1839; S., 39, 1, 89). La question était de savoir si la vente des droits successifs pouvait donner lieu à surenchère de la part des créanciers hypothécaires du vendeur. La Cour a admis l'affirmative en se basant sur les art. 883 et 724.

## § 6. *Donations avec modalités.*

141. L'art. 939 ne fait pas de distinction entre les donations, pour les modalités qui peuvent les affecter.

Nous soumettrons donc à la transcription les donations sous condition suspensive avant l'arrivée de la condition. D'après l'art. 1180 du Code civil, le créancier peut en effet, avant que la condition soit accomplie, exercer tous les actes conservatoires de ses droits. A *fortiori*, un propriétaire peut-il le faire? L'effet de la condition accomplie, rétroagissant au jour du contrat, c'est à partir de ce jour que le donataire sera réputé propriétaire. C'est donc à partir de ce jour aussi qu'il devra faire transcrire. Il importe de prévenir les tiers de son droit.

De même les donations sous condition résolutoire, produisant leur effet dès le contrat, doivent être transcrites dès ce moment.

142. Nous admettrons également la nécessité de la transcription pour les donations rémunératoires et onéreuses. Pour les premières, en effet, rien ne contraignait le donateur à faire une libéralité, il ne faut pas y voir l'exécution d'une obligation naturelle, mais plutôt celle d'une obligation morale, ce qui n'enlève pas à l'acte son caractère de libéralité. Quant aux se-

condes, il est certain que si les charges stipulées au profit du donateur sont égales à la valeur de l'objet de la donation, il n'y aura plus à proprement parler de donation, mais un autre contrat fait sous ce nom.

143. L'ordonnance de 1731 avait soumis les donations mutuelles à l'insinuation, même lorsqu'elles étaient d'égale valeur. Il ne s'agit, d'après Furgole (observ. sur l'art. 20 de l'ordonnance de 1731), que d'une libéralité réciproque qui se fait entre deux ou plusieurs personnes au profit du survivant; le jurisconsulte ajoute qu'on prend quelquefois pour donation mutuelle, ce qui n'est qu'un contrat à titre onéreux, une convention par laquelle deux particuliers se donnent l'un à l'autre certaines choses, afin qu'il y ait exécution de part et d'autre. Nous pensons que le Code civil, qui ne fait aucune distinction entre les donations mutuelles et les autres, les a soumises à la transcription sans admettre la restriction proposée par Furgole, dans son interprétation de l'ordonnance de 1731, ne l'appliquant qu'aux donations, dont le survivant des contractants doit seul profiter. Il peut très bien se faire que deux personnes se donnent réciproquement des biens ayant même valeur, sans que l'une des donations soit la cause de l'autre, ce qui transformerait l'acte en contrat d'échange; mais au contraire qu'elles soient guidées par l'amitié qu'elles ont l'une pour l'autre. La donation mutuelle peut donc exister sans que les dispositions soient faites seulement au profit du survivant.

## § 7. *Donations par contrat de mariage.*

144. A. *Biens présents.* — Les donations par contrat de mariage sont soumises à la transcription. Nous avons vu, il est vrai, que l'ordonnance de 1731 (article 19) exemptait de l'insinuation les donations en ligne directe par contrat de mariage. Le Code n'a pas suivi ce système. En effet, l'art. 1081 dit expressément que les donations entre-vifs de biens présents, bien que faites par contrat de mariage, sont soumises aux règles générales des donations.

La jurisprudence a eu à se prononcer souvent sur cette question, et est fixée en ce sens (V. Cass., 10 avril 1815; S., 15, 1, p. 161. Nîmes, 31 déc. 1850; S., 1851, 2, 111. Rouen, 24 nov. 1852; S., 53, 2, 263). Les raisons données pour la solution contraire sont celles qui avaient été invoquées déjà pour l'ordonnance de 1731. Il y avait là une obligation naturelle à remplir et la disposition par laquelle on la remplissait n'était pas purement gratuite, à cause des charges du mariage. Mais, en présence de l'art. 1081, l'hésitation n'est pas possible.

145. B. *Biens à venir.* — Nous ne pensons pas que les dispositions permises par l'art. 1082, donations de biens à venir, doivent être transcrites. Ces actes, en

effet, ne sont pas de véritables donations. Le donateur conserve la propriété des biens donnés ; le seul droit qu'il ait aliéné est celui de disposer de ses biens à titre gratuit, mais il peut les aliéner à titre onéreux. C'est comme un droit de succession que le donataire a acquis d'une façon irrévocable. On a comparé, avec beaucoup de raison, ce donataire à un héritier réservataire. Par sa nature, et ses effets, cet acte se rapproche plus du legs que de la donation. On pourrait, cependant, hésiter en présence de l'intérêt que pourrait avoir la transcription dans le cas où le donateur, après avoir fait une institution contractuelle, disposerait des biens à titre gratuit. Mais nous avons un argument de texte qui doit dissiper le doute. La disposition de la loi qui exige la transcription est au chapitre iv, qui ne s'occupe que de donations faites en dehors des contrats de mariage ; la preuve en est que le législateur a cru devoir s'occuper des donations par contrat de mariage dans l'art. 1081. C'est cet article qui nous conduit à soumettre à la transcription ces dernières. Or, les donations de biens présents y sont seules mentionnées. Les donations de biens à venir ne sont donc pas soumises à la transcription. La jurisprudence et la majorité des auteurs sont en ce sens (Cass., 4 fév. 1867 ; S., 1867, I, 121 et la note. Zacc., t. VI, p. 252. Demol., t. XXIII, n° 277. — En s. cont. Mourlon, *Traité de transc.*, t. II, p. 1177. Bonnet. *Cont. de mariage*, t. II, n°ˢ 686-691).

146. C. *Biens présents et à venir.* — Quant à la donation de biens présents et à venir, devons-nous la rapprocher de la donation de biens présents ou de celle de biens à venir. La nature de cette donation avait été très discutée dans l'ancien droit. Dans certaines coutumes, celles d'Auvergne et de Sedan, on assimilait cette donation de biens à venir à une donation de biens présents, d'où cette conséquence, que le donateur devait faire la délivrance des biens à venir à mesure qu'il en devenait propriétaire « et vaudra telle donation, quant aux biens dont le donataire aura eu la tradition et possession du vivant du donateur, autrement, ce serait donner et retenir » (V. *Traité des successions contractuelles*, de Boucheul, chap. xxv, n° 28). Au contraire, dans la coutume d'Orléans et dans le ressort du Parlement de Toulouse, on considérait que cette donation devait être appréciée d'après l'intention des parties contractantes ; le donateur a voulu assurer au donataire ce qu'il laisserait à son décès, il a voulu faire de lui un héritier contractuel. On assimilait la donation de biens présents et à venir à une donation de biens à venir (V. Lebrun, *Traité des succ.*, liv. IV, chap. ii, n° 41).

147. L'ordonnance de 1731 permit de diviser les biens présents et à venir au choix du donataire, alors une troisième opinion s'éleva.

Le donataire des biens présents et à venir, ayant accepté la donation, acquiert au même instant la propriété des biens présents ; quant aux biens à venir son droit sur eux ne peut s'exercer qu'à la mort du donateur (V. Denisart, *Don. par cont. de mariage*, § 4). D'après cette théorie il y avait, du moment de l'acceptation, donation des biens présents avec tous les effets des donations ordinaires et au moment de la mort du donateur, le donataire pouvait accepter ou refuser la donation de biens à venir ; on lui donnait pour se décider, le délai accordé à un héritier pour accepter ou refuser une succession. L'art. 1084 reproduit l'art. 17 de l'ordonnance de 1731, en y ajoutant la nécessité de l'état des dettes et charges ; quel est le système de cet article ?

148. Il y a d'abord une hypothèse qui ne peut laisser de doute, c'est celle prévue dans l'art. 1085 ; l'état des dettes et charges du donateur n'a pas été annexé à l'acte de donation ; il n'y a plus alors qu'une donation de biens à venir. La grande différence, en effet, entre la donation de biens à venir et la donation cumulative de biens présents et à venir est l'option laissée au donataire d'accepter seulement la donation de biens présents ou bien la donation tout entière. Or, cette option disparaît dans le cas d'omission de l'état exigé par l'art. 1084. Il n'y a plus dès lors qu'une donation de biens à venir et par suite, il n'y a pas lieu à transcription.

149. La question est plus douteuse lorsque l'état a été annexé à l'acte. Deux systèmes se trouvent en pré-

sence. Faut-il voir dans l'acte deux donations distinctes : l'une de biens présents, soumise à la transcription,
et l'autre de biens à venir, qui en serait dispensée ; ou
bien une seule donation de biens à venir avec un droit
d'option. Le premier système, pensons-nous avec la
majorité des auteurs, ne doit pas être admis. Il n'y a
pas, en effet, donation de biens présents proprement
dite, puisque le donateur reste propriétaire de ses
biens. Il y a là une donation, avec un caractère spécial
dont la nature se déterminera seulement à la mort
du donateur. A ce moment, en effet, si le donataire
accepte la donation tout entière, nous nous trouvons
en présence d'une donation de biens à venir ; si, au
contraire, le donateur s'en tient aux biens présents,
nous avons une donation ayant tous les effets d'une donation de biens présents et les aliénations faites par le
donateur soit à titre gratuit, soit à titre onéreux, sont
rescindées. C'est ce qui a été décidé par un arrêt de
la Cour de Bordeaux en date du 19 juillet 1831 rapporté dans Sirey (1831, 2, 341). Il s'agissait de savoir
si un créancier pouvait saisir les biens d'un donateur
de biens présents et à venir, la Cour : « Considérant
que le donataire contractuel n'est pas saisi de la propriété des biens donnés à partir de la donation..., que
les donateurs sont restés propriétaires des immeubles
donnés..., mais que tout est en suspens jusqu'au décès
du donateur », admet la validité de la saisie. A la mort
du donateur, le donataire devenant propriétaire en

optant pour les biens présents, l'expropriation sera annulée et le donataire rentrera en possession des biens donnés. Le donataire devra donc faire transcrire son titre, non parce qu'il y a donation de biens présents, mais parce que cette donation est susceptible de devenir telle et avec effet rétroactif.

### § 8. *Donations entre époux.*

150. A. *Pendant le mariage.* — Faut-il soumettre à la transcription les donations entre époux faites pendant le mariage? Cette question, autrefois très controversée, est résolue généralement dans le sens de l'affirmative. Le droit romain (L. 25, C., *De don. int. vir. et ux.*), exigeait l'insinuation. Dans l'ancien droit elle ne fut plus exigée. L'art. 46 de l'ordonnance de 1731, dispensait ces donations des formalités exigées pour les autres : « n'entendons comprendre dans la présente ordonnance ce qui concerne les dons mutuels et autres donations faites entre mariés autrement que par contrat de mariage ».

151. Dans notre législation la question se subdivise en deux :

1° La donation entre époux est-elle une donation entre-vifs?

2° Y a-t-il intérêt à faire transcrire?

1ᵉ Pothier leur refusait ce caractère (*Traité des don. entre mari et femme*, chap. prél., art. 1ᵉʳ, n° 6). « Elle n'est pas donation entre-vifs, le donateur ayant eu jusqu'à sa mort le droit de révoquer »,

Cette opinion ne nous paraît plus admissible. En effet, d'après l'art. 893, on ne peut disposer à titre gratuit que par donation entre-vifs ou par testament. Dans lequel de ces deux modes entrent les libéralités qui nous occupent?

La donation entre époux s'opère par un contrat, avec le concours de deux volontés et leur expression solennelle. Le testament, au contraire, ne suppose qu'une seule volonté, et n'est pas un contrat. La donation entre époux n'est donc pas un testament, mais bien une donation entre-vifs. Elle a avec le testament un caractère commun, la révocabilité, mais nous allons voir que l'irrévocabilité n'est pas de l'essence de la donation.

D'abord elle n'est pas de l'essence des conventions ; il est permis de stipuler que dans certains cas la convention sera résolue unilatéralement. En pure théorie il n'y a aucune raison de s'écarter de ce principe. Mais pour des considérations spéciales le législateur a fait une exception pour les donations, c'est la règle donner et retenir ne vaut, dont Pothier (*Des don. entre-vifs*, sect. ii, art. 2) donne l'explication suivante : « L'esprit de notre droit incline à ce que les biens restent dans les familles, mais comme on ne pouvait dépouiller les particuliers du droit que chacun a de disposer de ce qui est à lui..., nos lois y ont mis un frein qui en rend l'exercice plus difficile ».

Cependant, dans certains cas, la règle fléchit ; ainsi la donation peut être révoquée pour cause déterminée, par exemple, pour ingratitude. Cette exception à la règle donner et retenir ne vaut, a été appliquée aux donations entre époux ; mais la question était trop délicate pour que le législateur ait pu entrer dans la détermination des faits donnant lieu à révocation. Il ne pouvait non plus charger un juge de trancher la question ; il fallait éviter de livrer à la publicité des faits qui pouvaient compromettre toute une famille. Qu'a fait le législateur ? il a institué le donateur lui-même juge de la question ; révoquez si la donation n'a pas été libre dans son principe ou si le donataire s'est rendu coupable d'ingratitude. Le donateur pourra, il est vrai, abuser de ce droit, mais l'inconvénient est moins grand que celui de la publicité d'un procès peut-être scandaleux. Tel est l'ingénieux système proposé par M. Demolombe (*Rev. crit.*, t. I, 1ʳᵉ série, *Etude sur les donations entre époux*) pour expliquer ce droit de révocation.

La donation entre époux est donc une donation entre-vifs soumise à toutes les règles des donations.

152. 2° Y a-t-il intérêt à faire transcrire ?

Pour les auteurs qui refusent aux créanciers chirographaires le droit d'opposer le défaut de transcription, cet intérêt n'existe pas ; si, en effet, le donateur vend ou hypothèque le bien donné, l'intention de révoquer ne peut être mise en doute, et par suite la transcription est inutile; mais cette opinion n'est généralement pas admise aujourd'hui, comme nous le verrons au chapitre qui traite la question de savoir quelles personnes peuvent opposer le défaut de transcription, et pour nous les créanciers chirographaires en font partie; et alors l'intérêt est évident; la transcription sera utile. On ne peut voir, en effet, dans le fait de se rendre débiteur d'une personne, l'intention de révoquer une libéralité.

Même dans l'autre système, l'intérêt existe encore pour ceux qui peuvent acquérir une hypothèque judiciaire sur les biens du donateur.

Ainsi la donation entre époux est une donation entre-vifs et il y a intérêt à transcrire (en ce sens, Demol., *loco cit.*, et *Cours de Code civil, Donat.* ; Aubry et Rau, t. VIII, § 744. *Contra*, Duranton, t. VIII, n° 509).

153. B. *Donations par contrat de mariage.* — L'article 1092, pour les donations de biens présents, l'art. 1093, pour celles de biens présents et à venir, soumettent les donations entre époux par contrat de mariage aux règles des donations du même genre faites par des tiers. Nous n'aurons donc pas à les étudier à part.

154. Cependant on a douté de la nécessité de la transcription pour les gains de survie et la jurisprudence

s'est prononcée quelquefois dans le sens de la négative (Grenoble, 12 janv. 1813. Devil. et Car., 4, 2,
231. Toulouse, 7 mai 1829 ; S., 30, 2, 240). L'ordonnance de 1731, les dispensait de l'insinuation en tant
que conditions ordinaires des contrats. De plus, la Cour
considérait que ces gains participent beaucoup du
caractère de donations à cause de mort et que l'art. 1092
fait cette distinction. Nous ne croyons pas qu'on puisse
l'y trouver ; l'art. 1092, en effet, nous dit bien que la
condition de survie ne se suppose pas de plein droit,
mais non que les donations avec clause de survie, seront en dehors du droit commun. Du reste, pareille donation n'est qu'une donation sous condition suspensive
et nous avons vu que ces dernières sont soumises à la
transcription. La condition de survie, en effet, dès
qu'elle est arrivée, rétroagit au jour de la donation et
fait tomber les actes d'aliénations que peut avoir fait le
donateur dans l'entre-temps. Les créanciers du donateur ne pourraient saisir les biens donnés qu'en réser-
vant le droit du donataire(C. de Metz, 22 mai 1817 ; S.,
5, 2, 281). Un mari avait donné à sa femme un droit
d'habitation comme gain de survie. Les créanciers du
mari ayant saisi l'immeuble, la femme demanda qu'on
le vendît sous réserve de son droit. La Cour considérant : « que les dons de cette nature sont des stipula-
tions qui saisissent, dès l'instant de leur expression
légale les donataires, malgré qu'ils puissent ne devoir
en jouir qu'à son époque casuelle et indéterminée », fit

droit à la demande de la femme. Même théorie dans un arrêt de la Cour de Lyon, du 15 juillet 1831 (S., 32, 2, 173). La femme peut prendre une inscription d'hypothèque sur les biens de son mari pour garantir la donation d'une somme, faite par lui comme gain de survie. Il faut, bien entendu, que la donation soit faite comme donation de biens présents. Nous ne voyons donc aucune raison de dispenser ces donations de la transcription.

155. Faut-il transcrire les donations déguisées sous forme de contrat à titre onéreux? Cette question ne nous paraît faire aucun doute. Du moment qu'on admet la validité de ces actes, c'est qu'on ne les considère plus comme des donations et par suite on doit les dispenser de toutes les prescriptions du Code civil spéciales aux donations.

## § 9. *Partages d'ascendants.*

156. Ajoutons enfin, que les partages d'ascendants faits par acte entre-vifs doivent être transcrits en vertu de l'art. 1076, qui les soumet à toutes les règles des donations.

# CHAPITRE III



157. A. *Principe.* — La transcription doit se faire
au bureau des hypothèques dans l'arrondissement
duquel les biens sont situés. Elle diffère en cela de
l'insinuation qui devait se faire aux greffes des tribunaux. C'est la copie littérale de l'acte que l'on veut
transcrire sur un registre spécial et public.

158. L'insinuation devait se faire dans un délai de
quatre mois pour que son effet remontât à la date du
jour de la donation. Passé ce délai, on pouvait encore
remplir cette formalité pourvu que le donateur fût encore vivant; mais son effet n'était plus rétroactif. Le
Code civil, au contraire, est muet sur cette question;
c'est donc que dans la pensée de ses auteurs toute
question de délai est supprimée. La transcription
peut donc être faite à toute époque, et ses effets ne se
produisent qu'à partir de sa date. L'intérêt personnel

du donataire l'engage du reste à faire transcrire le plus tôt possible.

159. B. *La transcription peut-elle être faite valablement après que le donateur est déclaré en faillite.* — Devons-nous appliquer à la transcription la nullité prononcée par l'art. 446 du Code de commerce ou bien faire l'application de l'art. 448 du même Code ?

En faveur de l'application de l'art. 446 on raisonne ainsi : La donation, par rapport aux tiers, a pour complément indispensable la transcription ; elle n'a d'effet à leur égard, que du jour où cette transcription est faite. Or, une donation faite après l'époque fixée pour la cessation des payements ou dans les dix jours qui précèdent, est nulle et sans effet. La transcription sans laquelle cette donation n'a pas d'effet doit être nulle également. La Cour de Montpellier s'est décidée d'après ce raisonnement, dans un arrêt du 27 avril 1840 (S., 1840. 2. 409). La Cour ajoutait qu'à partir de l'époque de la cessation des payements, le failli était dessaisi de l'administration de ses biens et les droits de tous étaient fixés. Mais il y a là une grande erreur, et affirmation contraire aux décisions de l'art. 443 du Code de commerce qui ne dessaisit le failli qu'à partir du jugement déclaratif de faillite.

160. Nous ne saurions non plus admettre le premier argument, qui a du reste été repoussé depuis par la jurisprudence (26 nov. 1845 ; D., 46, 1, 58. 24 mai 1848; D., 48, 1, 172). Il est vrai qu'il ne s'agit dans ces

arrêts que des donations par contrat de mariage, qui sortent jusqu'à un certain point des actes à titre purement gratuit ; mais les arrêts ont laissé cette considération de côté et se sont basés sur les raisons que nous allons exposer.

L'art. 446 du Code de commerce annule tous les actes translatifs de propriété faits à titre gratuit par le débiteur dans la période fixée, comme étant celle de la cessation des payements, ou dans les dix jours qui les précèdent. Peut-on considérer la transcription comme un de ces actes ? D'après l'art. 938 du Code civil, la donation dûment acceptée est parfaite par le consentement des parties. Elle existe donc *hic et nunc* indépendamment de toute transaction. Cette formalité, il est vrai, la complète, en consolide les effets à l'égard des tiers, mais on ne peut dire qu'elle la constitue.

De plus, l'art. 446 ne prononce la nullité que pour les actes faits par le débiteur, la fondant sur son incapacité ou sur une présomption de fraude et la transcription peut être faite par beaucoup d'autres personnes que le donateur ; en pratique ce n'est pas ordinairement lui qui la requiert. L'art. 446 n'a donc pas ici d'application.

161. Il nous paraît au contraire beaucoup plus exact d'appliquer par analogie l'art. 448. En effet, avant l'inscription de l'hypothèque, le droit du créancier hypothécaire existe, comme celui du donataire avant la transcription. Nous admettrons donc que la transcrip-

tion peut être faite après l'époque de la cessation des payements, mais qu'elle peut être déclarée nulle s'il s'est écoulé plus de quinze jours entre la date de la donation et celle de la transcription. La jurisprudence s'est prononcée en ce sens (Bourges, 9 août 1847, rapporté sous un arrêt de cass. du 24 mai 1848; Dal., 48, 1, 172). D'après la même analogie elle ne peut avoir lieu après le jugement déclaratif de faillite. A partir de ce moment, en effet, le failli est dessaisi de ses biens et ses créanciers les prennent tels qu'ils sont.

# CHAPITRE IV



## § 1. *Qui peut la faire opérer?*

162. La transcription étant une formalité toute dans
l'intérêt du donataire, il est évident que c'est à lui que
la charge en incombe, quand la loi n'a pas désigné une
autre personne pour la faire opérer. Ceci ressort bien,
du reste, de l'art. 940 dans lequel nous trouvons l'é-
numération des personnes chargées de faire transcrire,
lorsque le donataire est incapable. Ce sont les administrateurs des biens du donataire. La loi ne nomme
pas le donateur, il n'y a donc pas pour lui obligation
de requérir la transcription.

163. Les personnes désignées dans cet article ne
sont pas les seules pouvant faire transcrire ; ce sont les
seules obligées, mais d'autres en ont le droit. La
transcription est un acte conservatoire, or, tout intéressé peut faire un acte conservatoire. Nous raisonne-

rons encore par analogie avec ce qui a lieu pour les
inscriptions d'hypothèque (art. 2119). « Pourront
les parents soit du mari, soit de la femme et les parents du mineur, ou à défaut de parents ses amis, requérir lesdites inscriptions ; elles pourront aussi être
requises par la femme ou le mineur », de même pour
la transcription. Les créanciers du donataire auront
aussi ce droit en vertu de l'art. 1166. Le donateur
peut également requérir la transcription ; il est partie
dans l'acte. En fait, ce droit existe pour toute personne qui sera porteur de l'acte à transcrire. L'article 2119 interdit en effet aux conservateurs la faculté
de refuser la transcription des actes de mutation. Mais
les personnes seules énumérées ci-dessus ont le droit
de se procurer l'acte. Les actes reçus par les notaires,
en effet, ne sont pas publics ; ils ne doivent en donner
copie qu'à certaines personnes intéressées.


## § 2. *Qui doit faire transcrire ?*


164. L'art. 940 énumère les personnes chargées de
faire opérer la transcription. D'abord c'est le mari
pour une donation faite à sa femme. Notre article ne
fait pas de distinction, cependant nous ne pensons pas
qu'il faille le prendre dans un sens absolu. Le mari, en
sa qualité d'administrateur des biens de la femme, doit

faire les actes conservatoires et la transcription en est
un au premier chef. Tant que le mari n'aura pas l'administration, il ne sera pas obligé de faire transcrire.

165. A. *Quid lorsque la femme a été autorisée par
justice.* — Mais si la femme n'a accepté la donation
qu'avec autorisation de justice, le mari sera-t-il dispensé de faire transcrire? Les anciens auteurs résolvent
la question affirmativement (Furgole, exp. de l'article 30 de l'ordonn. Ricard, n° 1243, 1ʳᵉ partie). « Le
mari s'est déchargé, en refusant d'autoriser sa femme,
du péril qu'il pouvait courir par le fait de la donation ;
si bien que la femme ne doit pas s'attendre à lui, et il
est de sa diligence de chercher un autre conseil. »

166. Cette théorie a été soutenue depuis (Marcadé,
*Élém. de dr. civil,* art. 940. Aubry et Rau, § 704, A, 3°).
Nous ne saurions l'admettre. Le mari peut refuser son
autorisation, c'est vrai ; mais l'autorisation a été remplacée par celle de justice et le bien est entré dans le
patrimoine de la femme. Or, la loi ne fait pas de distinction quant à l'administration des biens de la femme
sur la manière dont ces biens sont entrés dans son patrimoine. Le mari en est dans tous les cas administrateur. Du reste, l'autorisation donnée par la justice à
défaut de celle du mari est une présomption qu'il a eu
tort de refuser. Le dispenser de faire transcrire serait
le décharger d'une obligation en raison d'une faute
commise.

167. Du reste, les partisans de la théorie que nous

combattons admettent l'obligation du mari dans deux cas. C'est d'abord lorsqu'il a pris la gestion des biens donnés : dans ce cas, en effet, il y a gestion d'affaires et par suite obligation de faire les actes conservatoires. La seconde exception à la théorie semble, au contraire, la faire tomber tout entière. Le mari sera tenu de faire transcrire, disent les auteurs que nous avons cités, lorsque la femme lui aura signifié son acceptation. S'il en était dispensé c'était donc parce qu'il ignorait cette acceptation, or il est bien étrange que le mari ait ignoré cette autorisation de justice obtenue par la femme d'accepter, et la question revient alors à une question de fait.

168. B. *Quid lorsque le mari n'a pas l'administration des biens de sa femme.* — Nous admettrons au contraire qu'il n'est tenu de faire transcrire qu'autant que, d'après les conventions matrimoniales, il a l'administration des biens de la femme. Mais, dit-on, le mari a dans tous les cas le devoir de veiller aux intérêts de la famille ; nous répondrons que ce devoir existe bien dans le cas précédent et bien plus impérieux encore, puisque le mari a l'administration et que dans notre hypothèse il ne l'a pas ; et cependant on le dispense de faire transcrire sous prétexte qu'il n'a pas autorisé l'acceptation et que c'est l'autorité de justice qui a remplacé la sienne. Si l'art. 940 ne fait pas de distinction entre le cas où le mari a l'administration et celui où il ne l'a pas, c'est qu'il ne vise que le *plerumque fit.*

On nous oppose encore l'art. 1450 dans lequel le mari, bien que n'ayant pas l'administration, est responsable du défaut de remploi du prix d'un immeuble de la femme s'il a concouru à l'acte. Mais le § 2 de cet article nous montre bien l'esprit de la loi. Elle a voulu empêcher que le mari s'enrichisse aux dépens de la femme, aussi elle l'oblige à veiller à l'exécution du remploi, mais sans le rendre garant de son utilité. Dans notre hypothèse, ce danger d'enrichissement du mari aux dépens de la femme n'existe pas.

169. Nous dirons donc en résumé que la transcription étant un acte d'administration, le mari n'en est chargé qu'autant qu'il a l'administration des biens de sa femme. C'était, du reste, le système des anciennes ordonnances que le Code a reproduit. L'ordonnance de 1731 nous dit, dans son art. 29, que la femme n'aura pas recours contre son mari, si la donation a été faite à elle pour lui tenir lieu de paraphernal et la raison est que le mari n'en a pas l'administration (V. Furgole, sur l'art. 29 de l'ordon. de 1731). La même raison s'applique aujourd'hui. Il est vrai que l'art. 30 peut paraître opposé à ce système lorsqu'il rend le mari responsable, même lorsque la femme est séparée de biens ; mais il faut l'entendre en ce sens qu'il s'agissait d'une femme commune, puis séparée, qui aurait reçu une donation pendant la communauté et dont la transcription n'aurait pas été faite en ce temps.

170. C. *Donation faite à un mineur.* — L'énumération

du deuxième alinéa de l'art. 940 est également copiée
littéralement sur celle de l'art. 31 de l'ordonnance :
Lorsque la donation est faite à un mineur, c'est son
tuteur qui doit faire la transcription; mais la loi ajoute
les curateurs. Il semble tout d'abord qu'il s'agisse des
curateurs des mineurs émancipés : il n'en est rien.
C'est par inadvertance que le mot curateur a été introduit ici. Cet article, nous l'avons dit, est la copie de
l'art. 31 de l'ordonnance, qui désigne les tuteurs et
curateurs, mais en qualité d'administrateurs. Or le
curateur du mineur émancipé n'est pas un administrateur. Le curateur de l'interdit, au contraire, avait les
mêmes fonctions que le tuteur d'un mineur. Dans la
loi actuelle les interdits ne reçoivent plus un curateur,
mais un tuteur. Le projet du Code (V. Fenet, tome I,
p. 377) portait que la transcription de la donation
faite au mineur et à l'interdit devait être faite à la diligence de ceux qui avaient le droit de les représenter
et il ajoutait d'autre part, que les mineurs et interdits
n'étaient point restituables, sauf leur recours contre
leurs tuteur et curateur. Il est évident que le projet
entendait par curateur les représentants de l'interdit.
On appliquait donc à l'administrateur des biens de l'interdit une dénomination qui était impropre. Ces dispositions ont passé dans la loi avec leur erreur; cette
idée est encore confirmée par la rédaction de l'art. 942
qui parlant des mêmes incapables ne reproduit plus le
mot curateur. Et si on objecte que l'art. 942 passe

aussi sous silence les administrateurs, on répond que cette omission est très explicable : l'art. 57 du projet dont l'art. 942 est la reproduction ne parlait pas des administrateurs ; on leur réservait une responsabilité spéciale (V. Fenet, t. XII, p. 597). Cet article, au contraire, mentionnait les curateurs (Mourlon, *Traité sur transc.*, tome I, p. 464 et s.).

Du reste, pourquoi charger le curateur du mineur émancipé de cette obligation ? Nous avons vu, par le projet, que l'esprit de la loi est de n'en charger que les administrateurs, et le curateur n'administre pas. L'article 935, il est vrai, exige l'assistance du curateur pour l'acceptation ; mais il s'agit là d'un acte bien plus grave que la transcription, et qui ne peut entrer dans les actes désignés par l'art. 481, que le mineur émancipé peut faire sans l'assistance de son curateur.

171. D'après la même théorie, qui oblige les administrateurs à faire transcrire, nous dirons que le père administrateur des biens de ses enfants (389, C. civ.), les envoyés en possession provisoire des biens d'un présumé absent, l'administrateur provisoire d'un défendeur à une demande en interdiction ou d'un majeur placé dans une maison d'aliénés (art. 32, loi du 30 juin 1838), les administrateurs d'un établissement public, et enfin les syndics d'une faillite sont obligés de faire transcrire.

172. D. *D nation faite par le tuteur.* — Lorsque la donation est faite par le tuteur, elle doit être acceptée

soit par un ascendant en vertu de l'art. 935, soit par le subrogé tuteur. On a soutenu que le subrogé tuteur ne pouvait faire l'acceptation (Troplong, *Donat.* 1135), parce que, d'après l'art. 410 du Code civil, ses fonctions consistent à agir lorsque les intérêts du mineur sont en opposition avec ceux du tuteur, et qu'il n'en est pas ainsi, lorsqu'il s'agit de l'acceptation d'une donation, puisqu'il y a au contraire entente entre eux. Si on s'en tient à la lettre de la loi, ceci est exact; cependant nous ne pensons pas qu'il faille l'interpréter dans un sens aussi strict, mais en ce sens que le subrogé tuteur doit agir toutes les fois que les rapports d'intérêts du mineur et du tuteur empêchent ce dernier de le faire. Du reste, le subrogé tuteur n'est qu'un tuteur *ad hoc* désigné d'avance.

173. Quoi qu'il en soit sur cette question, devons-nous dire que la personne qui a accepté la donation, ascendant, subrogé tuteur ou tuteur *ad hoc* doive faire transcrire? Il y a d'abord un point qui nous paraît certain, c'est que le tuteur n'est pas dispensé de faire transcrire, par ce fait qu'il est donateur, pas plus qu'il ne serait déchargé de l'action en garantie pour défaut d'acceptation, s'il avait négligé de faire les démarches nécessaires pour y arriver. Ce dernier point a été jugé en ce sens par un arrêt de cassation du 11 juin 1816 (Dev. et Car., tome V, 1, 202). On comprend qu'il ne puisse accepter lui-même, mais aucune raison ne l'empêche de faire transcrire; le bien est entré dans le pa-

trimoine du mineur, le tuteur doit l'administrer. Quant à la question qui nous occupe, la plupart des auteurs la résolvent dans le sens de l'affirmative (Demante, tome V, 82 *bis*; Demol., tome XX, n° 282). Ces auteurs s'appuient sur les art. 1984 et 1991. L'ascendant qui accepte agit comme mandataire ; or, le mandataire est tenu d'accomplir le mandat tant qu'il en reste chargé. Toute la question est donc de savoir où s'arrête le mandat de l'ascendant. Il lui est donné par la loi dans l'art. 935. Or, cet article ne parle que de l'acceptation, c'est-à-dire d'un acte constitutif du contrat de donation, mais la loi ne dit nulle part que la transcription doive suivre nécessairement l'acceptation ; c'est un acte très important, il est vrai, mais d'une toute autre nature ; c'est un acte de conservation et non de constitution de droit. Dans la théorie que nous combattons, il faudrait aller plus loin, pour être logique jusqu'au bout, et, dire que l'ascendant ou le subrogé tuteur sera tenu de l'administration de ce bien tant que le mineur sera mineur.

On ajoute qu'un simple gérant d'affaires serait tenu (1372). Oui, mais c'est parce que la loi lui donne le mandat de continuer la gestion jusqu'au bout. Elle ne donne pas mandat à l'ascendant d'administrer les biens dont il a accepté la donation pour son descendant.

174. E. *Responsabilité et recours.* — Nous avons dit que c'était par une raison spéciale que l'art. 942 ne mentionnait pas les administrateurs comme respon-

sables de la non transcription, bien que chargés par l'art. 940 de remplir cette formalité. C'est ce qui a été dit dans le rapport de M. Jaubert au Tribunat. « Le projet garde le silence sur le recours à exercer contre les administrateurs : à leur égard, il ne doit y avoir que la responsabilité attachée à leurs fonctions » (Locré, t. XI, p. 458). Le recours aurait lieu contre eux d'après des circonstances de fait, les principes sur la responsabilité et les fonctions dont ils seraient chargés. De même, il est certain que les tuteurs ne seraient pas responsables, s'il n'y avait pas faute de leur part, par exemple, s'ils avaient ignoré la donation, et qu'elle eût été acceptée par un ascendant. C'est le sens qu'il faut donner aux mots « s'il y échet » de l'art. 942 (Dur., t. VIII, n° 522).

175. Si les personnes contre qui le donataire peut avoir recours sont insolvables, il sera lésé. L'art. 942 reproduisant l'art. 32 de l'ordonnance de 1731 le déclare non restituable contre le défaut de transcription. La loi ne prive pas les établissements publics du bénéfice de restitution ; cependant, on ne saurait le leur accorder. L'esprit de la loi n'est, pas en effet, de les traiter plus favorablement que les mineurs ; il serait plutôt porté dans un sens opposé ; en matière de prescription, par exemple, nous voyons la loi se montrer plus favorable à ces derniers (2252 et 2227).

176. A ce propos, la question s'est posée de savoir si le notaire qui a reçu la donation est tenu par ses

fonctions mêmes de faire opérer la transcription. Nous ne le pensons pas. La fonction du notaire est de recevoir les actes, mais il n'a pas, à moins de mandat spécial, l'obligation de surveiller leur exécution. Son seul devoir est de rédiger l'acte, pour que la convention soit intrinsèquement valable (Riom, 7 décembre 1848 ; S., 49, 2, 88. Rouen, 24 novembre 1852 ; S., 1853, 2, 264. Bordeaux, 25 mai 1869 ; S., 69, 2, p. 294).

D'après l'art. 848 de la législation des îles Ioniennes, le notaire doit requérir la transcription dans les huit jours de l'acte, sous peine de dommages-intérêts.

# CHAPITRE V



- - - - - - - - - - - - - - - - - - - - - - - - - - - - - - - - - -

## § 1. *Principe.*

177. Nous avons vu que la transcription n'était ni la
reproduction de l'ancienne insinuation, ni celle de la
loi de brumaire, mais une institution tirée de ces deux
autres plus anciennes, qui a ses caractères propres
contenus dans des dispositions spéciales, devant s'interpréter par elles-mêmes. Cette observation prélimi-
naire nous permettra d'écarter un grand nombre de
difficultés de ce chapitre.

178. D'après l'art. 938 la donation est parfaite, et a
tout son effet entre les parties sans transcription. Il
n'y a donc pas, dans cette formalité, une condition *sine
qua non* de la donation. La loi n'en prononce pas la
nullité. Elle dit seulement que, à l'égard de certaines
personnes, la donation n'aura pas d'effet. Quelles sont

ces personnes? L'art. 941 répond à cette question. Nous y trouvons un principe général : toute personne ayant intérêt à opposer le défaut de transcription peut le faire ; puis des exceptions à ce principe : sont exceptées, les personnes chargées de faire faire la transcription ou leurss ayants cause et le donateur. Il semble que l'application du principe général ne puisse soulever de difficultés. Elle a cependant donné lieu à de grandes controverses.

179. Les législations étrangères ont adopté pour la plupart le même principe.

A Genève, une loi fut rendue en 1830 sur la transcription ; d'après l'art. 1ᵉʳ, les actes sujets à transcription n'auront d'effet à l'égard des tiers que du jour de la transcription. Dans le comté de Middlesex, la transcription est exigée pour rendre l'aliénation opposable aux tiers (st. 2, 3, Anne., C. 4) ; droit com. allemand, art. 364 (Antoine de St.-Joseph, 2ᵉ v., p. 100) ; Code néerlandais (art. 1712) ; Code de la Louisiane (art. 1545). En Angleterre (st. déjà cité), le conservateur (*registrar*) examine les droits du requérant et prévient le public de la transcription qu'il va faire. Un délai de trois mois est accordé aux intéressés pour faire opposition ; passé ce délai, le titulaire a un droit irrévocable. Code italien (art. 1942) : « Les jugements et actes énoncés en l'art. 1942, tant qu'ils ne sont par transcrits n'ont pas d'effet à l'égard des tiers qui, à quelque titre que ce soit, ont acquis et légalement conservés

des droits sur l'immeuble ». Le Code russe (art. 424);
exige l'inscription sur les registres fonciers à peine de
nullité (trad. du Code russe, bibl. du Comité de lég.
comp.). Le Code badois (art. 939 et 941), reproduit les
dispositions du Code civil français (*das badiche lan-
drecht* par R. Rah. 1887, bib. du Comité de lég.
comp.).

### § 2. *Acquéreur à titre onéreux et créancier hypothécaire.*

180. Il a toujours été admis que le créancier hypothécaire antérieur à la donation pouvait opposer le défaut de transcription, mais on a discuté la question
pour les acquéreurs à titre onéreux et les créanciers
hypothécaires postérieurs à la donation. On raisonnait
ainsi. L'art. 938 déclare que la propriété des objets est
transférée par la donation; l'art. 939 qui exige la
transcription n'en indique pas les effets. On a voulu
réserver la question jusqu'à ce que la matière des hypothèques fût traitée. Or, nous voyons au titre des privilèges et hypothèques (art. 2181) que la transcription
est établie comme préparation de la purge. Puis l'article 834 du Code de procédure donna un délai de quinzaine, après la transcription de l'acte de transmission,
pour inscrire les hypothèques antérieures à cet acte:

L'effet de la transcription est donc d'empêcher d'inscrire des hypothèques après le délai de quinzaine à
partir de la transcription et en second lieu d'empêcher
la surenchère des créanciers inscrits (art. 2183 et
2184, C. civ.). Ces articles s'appliquent aussi bien aux
donataires qu'aux acquéreurs à titre onéreux. Il n'y a
pas deux espèces de transcription, l'une particulière aux
donations, l'autre aux contrats à titre onéreux. Il faut
interpréter l'art. 938 par les art. 1181 et suivants (Toullier, *Traité de dr. civ.*, tome V, p. 529 et suiv.). Cette
argumentation fut présentée devant la Cour de cassation pour soutenir un arrêt de la Cour de Colmar, du
4 août 1812, qui s'était prononcée en faveur de ce système ; mais elle ne prévalut pas.

181. Il est certain que la donation est parfaite entre
les parties lorsqu'elle est dûment acceptée ; mais, à l'é-
gard des tiers, elle n'est parfaite que par la transcription. L'art. 941 accorde à tout intéressé le droit d'opposer le défaut de transcription et les tiers acquéreurs
sont bien de ceux-là ; que si le législateur n'avait voulu
accorder ce droit qu'aux créanciers hypothécaires, il
était inutile de mettre dans une disposition particulière
que ce droit n'appartiendrait pas à ceux qui sont chargés de faire faire la transcription, ni surtout au donateur. Cette formalité a donc été prescrite à l'égard de
tous et indépendamment du système hypothécaire.
La Cour de cassation admit le pourvoi et cassa l'arrêt
de Colmar (V. S., 1815, 4, p. 161). Il s'agissait d'un tiers

acquéreur. Le 2 mai 1860 la Cour de Paris s'est prononcée dans le même sens pour un créancier hypothécaire postérieur à la donation (Dal., 1861, 2° p., p. 65; de même Grenoble, 16 décembre 1844; S., 1845, 2°, p. 346).

182. Cette différence entre la transcription de la donation et celle de la vente, d'après le Code civil, est nettement marquée dans un arrêt de cassation du 21 février 1828 (Sir., 1828, 1, p. 139). Voici l'espèce : Lignières avait donné un immeuble à son fils en 1813. Le 20 juin 1820, Lignières fils vend son immeuble à Daude et fait transcrire la vente sans qu'il survienne d'inscription dans la quinzaine. Le 14 août 1820, un sieur Rouet obtient un jugement contre Lignières père et prend inscription sur l'immeuble donné et revendu. Il exerce son action hypothécaire sans que Daude n'invoque aucun moyen ni dénonce la poursuite à Lignières. Après l'expropriation il attaque Lignières en garantie de la vente, qui oppose l'art. 1640 du Code civil. Il y avait, en effet, dit-il, plusieurs moyens à opposer à Rouet. L'hypothèque de Rouet était postérieure à la donation; de plus la vente avait été transcrite et cette transcription devait suppléer à celle de la donation. Le tribunal de Narbonne rejette cette prétention. Appel et arrêt confirmatif de la Cour de Montpellier basé sur ce que la transcription de la vente ne peut suppléer celle de la donation; car cette dernière n'est pas une simple formalité hypothécaire, mais bien une condition

essentielle qui seule donne effet à la donation vis-à-vis des tiers : pourvoi en cassation basé sur fausse application de l'art. 941. Les demandeurs soutiennent que la règle de l'art. 941 ne s'applique qu'autant que les biens donnés continuent à rester la propriété du donataire, mais non celle d'un tiers acquéreur de bonne foi, sauf l'exercice d'hypothèques déjà existantes, et si ce moyen est rejeté, ajoutent-ils, Daude pouvait opposer à Rouet sa vente puisqu'elle était transcrite avant que l'hypothèque de ce dernier ne fût inscrite. La Cour :
« Attendu qu'aux termes de l'art. 941 la donation ne
« pouvait nuire aux intéressés ni leur être opposée
« tant qu'elle n'était pas transcrite ; que cette formalité
« imprime seule à la donation le caractère d'aliénation
« à l'égard de tiers intéressés et ne peut être remplacée
« par aucun équivalent », rejette le pourvoi.

183. Ainsi la donation non transcrite n'a pas d'effet à l'égard des tiers intéressés ; pour eux la transmission de propriété ne s'est pas opérée et la transcription d'une vente postérieure ne pourra la remplacer ; elle arrêtera le cours des hypothèques, mais son défaut n'empêchera pas la transmission de propriété à l'égard des tiers. Nous nous plaçons, bien entendu, avant la loi de 1855.

Du reste, le droit des créanciers hypothécaires postérieurs à la donation non transcrite d'opposer le défaut de cette formalité, n'est plus contesté aujourd'hui.

## § 3. *Donataires postérieurs.*

184. La controverse est plus vive pour les donataires postérieurs à titre particulier. Le doute est né de l'exception que fait l'art. 941 aux personnes intéressées à opposer le défaut de transcription et par suite pouvant le faire ; le donateur fait partie de ces exceptions.

Les partisans de la théorie qui refuse le droit dont il s'agit au second donataire, raisonnent ainsi :

La transcription des donations n'est pas une reproduction de l'ancienne insinuation, mais un emprunt à la loi de brumaire. Elle n'a été établie qu'en vue du régime hypothécaire. L'exclusion des seconds donataires a été prononcée formellement par le tribun Jaubert dans son rapport : « Il n'y a d'excepté que les personnes chargées de faire transcrire ou leurs ayants cause et le donateur, ce qui comprend nécessairement les donataires postérieurs » (Loc., t. XI, p. 437 et 438).

185. On raisonne encore d'après l'art. 1072 du Code civil. Cet article, développant l'expression générale « toute personne ayant intérêt », défend au donataire d'opposer aux appelés le défaut de transcription. Or, les appelés sont par rapport à eux des donataires anté-

rieurs. On ne voit pas pourquoi il en serait autrement lorsqu'il s'agit d'une donation pure et simple.

Il est juste, d'ailleurs, de faire une différence entre des créanciers et des donataires. La protection à accorder aux premiers qui luttent *de damno vitando* doit être plus grande que celle accordée aux seconds qui luttent *de lucro captando*. Et on ajoute, que les donataires tenant leurs droits du donateur ne peuvent en avoir plus que lui, et si la loi ne mentionne pas parmi les exceptions les ayants cause du donateur, c'est que parmi eux se trouveraient compris les créanciers et tiers acquéreurs à titre onéreux en faveur de qui ce droit a été établi.

En faveur de cette opinion, nous trouvons parmi les auteurs : Merlin (*Quest. de dr.*, *Transcription*, § 6), Marcadé (t. III, p. 666), Troplong (*Donat.*, 1179), et enfin, M. Demante, qui présente un autre argument (t. IV, p. 186).

186. La raison déterminante, dit M. Demante, pour refuser le droit d'opposer le défaut de transcription aux donataires postérieurs, c'est que la seconde donation est nécessairement faite en fraude de la première dont le donateur ne pouvait ignorer l'existence, et cela suffit pour accorder au premier donataire l'action révocatoire de l'art. 1167. M. Demante admet cette solution même dans le cas où le donateur étant solvable pourrait indemniser le premier donataire ; il suffit qu'il y ait fraude pour permettre à ce dernier de ressai-

sir le bien par l'action révocatoire. M. Demante fait du reste remarquer que l'argumentation tombe si les donations n'ont pas été faites par la même personne; la première par l'auteur, la seconde par le successeur qui aurait ignoré la première. Cette restriction en diminue considérablement la portée.

On peut voir en ce sens un arrêt de la cour de Montpellier, 2 juin 1831; S., 1831, 2, 325. Besançon, 6 juin 1854; D., 1855, 2, 346. Nîmes, 1er août 1826; S., 27, 2, 83.

187. Ces arguments ne nous paraissent pas déterminants. Au premier tiré de l'origine de l'art. 941, nous avons déjà répondu par avance, que si la transcription du Code n'est pas l'ancienne insinuation, elle n'est pas non plus absolument celle de la loi de brumaire; elle est une formalité particulière dont il faut déterminer les effets d'après la législation actuelle, lorsqu'on le peut, plutôt que d'après des législations antérieures. Du reste, même en nous rapportant à la loi de brumaire, il n'est pas certain que l'argument soit bon. La question était discutée sous l'empire de cette loi. Nous trouvons, en effet, dans les considérants d'un arrêt de la Cour de Limoges du 10 janvier 1810 (V. *Journal du Palais*, 1810, p. 24), que le donataire postérieur pourrait opposer le défaut de transcription. Il s'agissait d'une donation faite par un sieur Rougié à un sieur Lafarge, le 11 nivôse an X, par conséquent sous l'empire de la loi de brumaire. Cette donation n'avait été ni insinuée, ni transcrite. Les collatéraux de Rougié

attaquèrent la donation après sa mort, invoquant l'article 27 de l'ordonnance de 1731. Ce moyen fut écarté par suite de l'abolition de l'insinuation. Le sieur Lafarge alléguait de plus que la transcription de la loi de brumaire n'était pas établie en faveur des héritiers du donateur, ce que la Cour admit, mais en rejetant cette doctrine pour les seconds donataires. Nous trouvons, en effet, entre autres considérants, celui-ci : « Considérant qu'il suffit dans l'intérêt du donataire, qu'il ne se présente aucun donataire ou acquéreur postérieur ayant un contrat transcrit, pour que l'acte du 11 nivôse an X, puisse être critiqué... »

Nous trouvons même un arrêt de la Cour de Nîmes se basant justement sur ce que la transcription a été tirée de la loi de brumaire pour résoudre la question dans notre sens. Il est du 31 décembre 1850 (D., 1851, 2, 80).

« Attendu que le Code civil a voulu attacher à la transcription les effets de la loi de brumaire ;

« Qu'il résulte de l'art. 26 que c'est une formalité exigée dans l'intérêt des tiers ayant contracté avec le donateur, que le donataire est un de ces tiers. »

188. Nous trouvons repoussé dans ce même arrêt le second argument présenté en faveur de la théorie que nous combattons :

« Attendu que les termes de l'art. 941 repoussent toute distinction entre les acquéreurs à titre onéreux et les acquéreurs à titre gratuit en ne l'exprimant pas ;

tandis que le législateur avait sous les yeux l'ordonnance de 1731 qui accordait ce droit (d'opposer le
défaut de transcription) nominalement aux donataires
et héritiers du donateur ».

La distinction entre ceux qui *certant de damno vitando* ou *lucro captando* est arbitraire et ne se trouve
nulle part. Et qu'on ne dise pas qu'elle est tirée de la
loi elle-même dans les art. 1070 et 1072. Car ces articles font partie d'une matière toute spéciale dont les
dispositions sont rigoureuses et ne peuvent être éten-
dues à une autre matière qu'à celle qu'ils traitent directement (Duvergier sur Toullier, tome III, n° 239). Nous
aurons, du reste, à revenir sur ces articles et nous
verrons qu'ils ne peuvent s'appliquer ici. Dans l'ancien
droit déjà, cette différence existait entre les donations
simples et les substitutions.

Il peut, du reste, se présenter des hypothèses où
l'éviction serait dommageable au donataire ; par exemple, si, croyant sa fortune augmentée par la donation,
il avait augmenté ses dépenses d'une façon considérable. Il lutterait bien alors *de damno vitando*.

Quand la loi veut faire une distinction, elle a le soin
de le dire expressément (1083-1422); partout où elle
s'exprime en termes généraux, nous ne pouvons en
en restreindre le sens.

189. Quant à l'argument tiré de ce que le donateur
n'a pu transmettre plus de droit qu'il n'en avait, nous
croyons qu'il ne peut être admis par cette raison, que

c'est trancher la question par la question même puisqu'il s'agit justement de savoir si, à l'égard des donataires postérieurs, la propriété a été transférée par une
première donation non transcrite. Et si cet argument
était bon il prouverait trop, car il enlèverait toute application à l'art. 941.

Il en serait de même si nous prenions à la lettre l'interprétation de M. Jaubert : « ce qui comprend forcément les héritiers du donateur, les cessionnaires et
donataires postérieurs ». Il faudrait exclure les acquéreurs à titre onéreux. On ne voit pas, du reste, comme
forcée cette conséquence. Il n'y a là qu'une interprétation personnelle et ne suffisant pas pour faire admettre
cette théorie.

190. L'argument de M. Demante perd une grande
partie de sa portée par la restriction qui lui est faite;
et de plus, nous ne devons pas parler de fraude ici,
cette condition vicie tous les contrats il faut donc la
laisser de côté (Demol., tome XX, p. 253).

191. Les arguments sur lesquels s'appuie cette
théorie étant écartés, nous devons revenir au texte et
lui laisser toute sa portée sans faire de distinction
puisqu'il n'en fait pas. Le défaut de transcription peut
être opposé par tout intéressé ; le second donataire est
intéressé, il peut donc l'opposer. Cette théorie est, du
reste, conforme à notre ancien droit. Dans les pays de
nantissement, lorsqu'il y avait deux transferts de propriété successifs d'un même objet, par le même pro-

priétaire, à deux personnes différentes, c'est celle des deux qui était saisie de la chose qui restait propriétaire. L'ordonnance de 1731 était formelle et la loi de brumaire avait été interprétée en ce sens, nous l'avons vu.


## § 4. *Créanciers chirographaires.*


192. La même controverse s'élève pour les créanciers chirographaires du donateur. La jurisprudence leur a souvent refusé le droit dont il s'agit. Examinons les arguments présentés en faveur de ce système. Le créancier, qui n'a qu'un droit personnel, ne peut se payer sur un immeuble du donateur, qu'autant que cet immeuble est toujours dans les mains de son débiteur. Or, par la donation dûment faite et acceptée, l'immeuble en est sorti. Il est vrai que tout droit réel acquis avant la transcription est bien acquis ; mais s'il s'agit d'un créancier chirographaire, rien n'empêche le donataire d'avoir la propriété pleine et entière du jour de l'acceptation ; le point de savoir s'il y a transcription ne le concerne en rien, qu'il soit créancier antérieur ou postérieur à la donation (Marcadé, expl. de l'art. 941). Cet auteur cite en ce sens un arrêt de la Cour de Grenoble, du 17 juin 1822 (S., 1823, 2, p. 273).

« Considérant que l'art. 941 n'est que le corollaire

de l'art. 939 et que, puisque par ce dernier article le législateur n'avait en vue que les biens susceptibles d'hypothèque, il est évident par une juste conséquence qu'il
n'a pu donner qu'aux créanciers porteurs d'hypothèque
le droit d'opposer le défaut de transcription ;

« Considérant qu'admettre que les mots « toute personne ayant intérêt » appellent les créanciers chirographaires... serait faire produire à de simples billets
l'effet d'actes authentiques portant hypothèque ;

« Considérant que ce qui prouve toujours mieux
qu'il n'a pas été dans la pensée du législateur de comprendre, dans la disposition de l'art. 941, d'autres
créanciers que les hypothécaires, ce sont les dispositions du chapitre du Code sur l'effet des privilèges et
hypothèques contre les tiers détenteurs et sur le mode
de purger les privilèges et hypothèques; que l'on voit
en effet dans le premier de ces chapitres, que les
créanciers hypothécaires et privilégiés peuvent seuls
poursuivre les tiers détenteurs et dans le second que
le donataire assimilé par l'art. 2184 à l'acquéreur, qui
veut purger les hypothèques, ne doit diriger les formalités qui lui sont imposées que contre les mêmes créanciers privilégiés ou hypothécaires, et qu'il n'est fait
nulle mention, dans ces deux chapitres, des créanciers
chirographaires. »

Ces arguments sont tous fondés sur une idée que
nous avons déjà vu exprimée au commencement de ce
chapitre; que l'art. 941 doit être expliqué par les dis-

positions que nous trouvons dans le Code sur l'effet des inscriptions hypothécaires et qu'il ne faut y voir qu'une disposition préparatoire de la purge. Nous avons repoussé cette idée et montré qu'il s'agissait d'autre chose que d'hypothèque. La transcription a été admise pour la publicité, pour favoriser le crédit en empêchant que les créanciers du donateur, trompés par sa qualité de propriétaire apparent, ne restassent endormis dans une fausse sécurité. Vouloir limiter aux créanciers hypothécaires cette garantie, c'est vouloir limiter à certains intéressés une mesure qui s'applique à tous. Du reste, si nous rapprochons cet article de l'art. 27 de l'ordonnance de 1731, nous voyons qu'il se sert des mêmes termes : « Le défaut d'insinuation pourra être opposé tant par les tiers acquéreurs et créanciers des donataires... et généralement par tous les intéressés. » L'ordonnance ne faisait aucune distinction entre les créanciers hypothécaires et les créanciers chirographaires. Puisque le Code a reproduit les termes « par tous les intéressés », il a voulu y comprendre les mêmes personnes que l'ordonnance. L'énumération a été jugée inutile en présence de la généralité des termes.

193. Cependant il ne faudrait pas, croyons-nous, être absolu en cette matière. Ainsi nous n'admettons pas qu'un créancier chirographaire puisse toujours ne pas tenir compte de la donation, par cela seul que sa créance est antérieure à la transcription. La Cour de

cassation l'a pourtant admis dans un arrêt du 23 novembre 1852, rapporté dans Dalloz (1859, 1, 481).
Voici l'espèce : Le 15 avril 1848, les époux H... cons-
tituent en dot à leur fils un moulin. Le 30 novembre
1853, les époux H... père et mère et leur fils hypothè-
quent le moulin au Comptoir d'escompte d'Evreux. Le
8 février 1854, la dame H... fils fait transcrire la donation afin d'assurer son hypothèque légale sur le moulin.
Le 16 du même mois, les sieurs H... père et fils furent
déclarés en faillite avec report de la cessation des
payements pour le père au 8 juin 1853, pour le fils au
1er juin 1852. Le 25 janvier 1854, le moulin fut vendu,
la dame H... fils demanda à être colloquée au rang de
son hypothèque légale. Le 21 novembre 1854, on produit un certificat de radiation de l'hypothèque du
Comptoir d'escompte. Le directeur du Comptoir d'escompte assigne le syndic des faillites pour faire tomber
la donation comme n'ayant été transcrite qu'après
l'ouverture de la faillite. Le tribunal d'Evreux accueillit
sa prétention. La dame H... fils fit appel ; le Comptoir
reproduisit ses moyens et argua, en vertu des art. 939
et 941 du Code civil, du défaut de transcription de la
donation lors de l'obligation souscrite à son profit. Un
arrêt de la Cour de Rouen réforma le jugement du premier tribunal. Cet arrêt fut cassé le 6 avril 1858 pour
défaut de motif et la cause renvoyée devant la Cour
d'Amiens qui confirma le jugement d'Evreux en se basant sur l'art. 941. Pourvoi de la dame H... fondé sur

ce que l'arrêt a décidé qu'un créancier chirographaire peut opposer le défaut de transcription d'une donation d'immeubles, bien que la transcription eût été faite avant que le créancier eût acquis un droit particulier sur l'immeuble par saisie ou autrement. La donation en effet avait été transcrite avant la déclaration de faillite, et la saisie pratiquée seulement après cette déclaration. La Cour n'a pas admis ce moyen. « Attendu qu'aux termes de l'art. 941 du Code Napoléon, le défaut de transcription peut être opposé par toute personne ayant intérêt...,

« Que cet article ne distingue pas entre les créanciers chirographaires et hypothécaires, qu'il suffit que ceux-ci justifient d'un intérêt pour se prévaloir du défaut de transcription..., rejette. »

Dans l'espèce, nous voyons qu'aucune main-mise n'avait encore eu lieu à l'époque où la donation avait été transcrite ; la Cour de cassation ne s'est donc fondée que sur l'absence de transcription au moment de la naissance de l'obligation. Ce système aboutit à permettre d'empêcher l'effet de toute donation immobilière, faite par une personne ayant des créanciers chirographaires antérieurs, si l'un deux n'est pas payé. Car à moins de faire la transcription en même temps que la donation, il y aura toujours un instant où la donation ne sera pas transcrite, et il suffit d'avoir été créancier pendant ce temps pour opposer le défaut de transcription ; ceci n'est pas admissible. Il faudra que

les créanciers aient manifesté leur intérêt à opposer
le défaut de transcription, avant que celle-ci ne soit
faite. Ils pourront le faire, par exemple, par une saisie.

194. Il importe peu, du reste, que ces créanciers
soient antérieurs ou postérieurs à la donation. Le bien
donné était en effet dans le domaine de leur débiteur
à leur égard au moment où ils sont devenus créanciers, puisque la donation n'a d'effet pour eux que
par la transcription (Nancy, 18 mai 1838 ; D., 1839,
2, 18).

« Attendu que parmi les personnes qui ont intérêt
à se prévaloir du défaut de transcription dont parle
l'art. 941, figurent notamment ceux qui postérieure-
ment à la donation pourraient acquérir du donateur ou
lui prêter. Que la loi a voulu protéger les créanciers
contre le manque de publicité d'un acte qui leur aurait
enlevé leurs principales sûretés, lorsque sur la foi de
sa non-existence ils auraient livré leurs fonds. Que le
créancier tirant son droit de son intérêt, peu importe
qu'il soit hypothécaire ou chirographaire, antérieur
ou postérieur à la donation. » (Mêmes décisions : Bordeaux, 2 juin 1827 ; S., 1827, 2, 169. Limoges, 28 février 79 ; D., 80, 2, 126).

§ 5. *Légataires à titre particulier*.

195. Les légataires à titre particulier peuvent-ils opposer le défaut de transcription? On admet généralement la négative. Voici les arguments sur lesquels on se base.

Tout d'abord l'argument de l'origine de l'art. 941. Notre article ne s'occupe que des tiers ayant contracté avec le donateur, comme la loi de brumaire ; or, les légataires n'entrent pas dans cette catégorie. On ajoute que le légataire, bien que ne représentant pas le défunt, est passible de toutes ses obligations sur la chose léguée : il n'y a de legs que là où il y a des biens, et il n'y a de biens qu'après les dettes payées. Celui donc qui avait l'action contre le défunt, l'a également après son décès contre son légataire, qui, jusqu'à concurrence de son legs, représente le défunt comme un légataire universel. Le donataire deviendrait à tout le moins créancier pour la garantie qui lui serait due, et il est incontestable que tout créancier doit être payé avant les légataires (Duranton, t. VIII, p. 587. Demolombe, t. XX, n° 310).

196. Nous ne croyons pas devoir admettre cette opinion, l'argument tiré de la loi de brumaire a été déjà réfuté plusieurs fois. Nous ajouterons que les ré-

dacteurs du Code n'ont pas reproduit les termes de cette loi et avec intention, puisqu'ils l'avaient sous les yeux, mais au contraire ceux de l'ordonnance de 1731 « tout intéressé ».

La règle de notre article est générale, et on ne peut la restreindre, que si elle heurte les principes du droit. Or, ce n'est pas le cas. Le légataire, dit-on, est passible des obligations du défunt sur la chose léguée; mais sur cette chose le défunt n'avait plus d'obligation, puisqu'elle ne lui appartenait plus à l'égard du donataire; son obligation était purement personnelle, et n'a pas passé à son légataire particulier, c'est une obligation de garantie. Mais, dit-on, le donataire créancier doit être payé par préférence au légataire. Cela est incontestable; il peut exiger qu'on lui rembourse la valeur de l'immeuble dont il est évincé et le dommage causé. Mais cette dette doit, comme toutes les autres dettes de la succession, être supportée par la succession tout entière. Le légataire particulier est à l'abri de toute attaque (art. 1024).

Nous admettrons donc avec MM. Aubry et Rau, que le défaut de transcription peut être opposé par tous les successeurs particuliers du donateur, soit à titre onéreux, soit à titre gratuit (Aubry et Rau, tome VII, p. 390 ; Demante, tome IV, n° 82 *bis*).

### § 6. *Héritiers.* — *Légataires universels et à titre universel.*

197. La controverse a été grande sur le point de savoir si les légataires universels où à titre universel et les héritiers pouvaient opposer le défaut de transcription. Actuellement la doctrine et la jurisprudence se prononcent pour la négative. On propose en faveur de l'affirmative l'argumentation suivante :

La loi donne à tout intéressé le droit dont il s'agit, n'en exceptant que le donateur, sans ajouter ses ayants cause, et en ce point reproduit la formule de l'art. 17 de l'ordonnance de 1731. Il faut donc interpréter notre article comme cette ordonnance. Les raisons qui avaient fait accorder ce droit aux héritiers dans notre ancien droit, militent encore en leur faveur; il se peut, que ce soit dans l'ignorance de cette donation que les héritiers ont accepté la succession. Si on leur refuse le bénéfice de notre article, ils vont rester sans protection contre cette éventualité. Il faudrait supposer pour qu'il en fût ainsi, une grande légèreté de la part du législateur qui, dans l'art. 783, protège l'héritier contre la découverte ultérieure d'un testament inconnu lors de l'acceptation de l'hérédité, testament qui peut lui porter préjudice, et le laisse sans défense dans un danger analogue (Bugnet sur Pothier, tome VIII, p. 189). Or, cette faute n'a pas été commise, nous en trouvons la preuve dans l'exposé des motifs de M. Bigot-Préameneu, orateur du gouvernement. « Quant aux héritiers, l'inventaire leur fera connaître par les titres de propriété quels sont les biens; et dans l'état actuel des choses, il n'est aucun héritier, qui, ayant le moindre doute sur le bon état d'une succession, ne commence par vérifier sur les registres de la situation des biens quelles sont les aliénations » (Locré, tome II, p. 394). Il faut bien admettre que l'intention du législateur était que les héritiers dussent connaître l'existence de la donation par la transcription, avant d'accepter ou de refuser la succession.

198. Cette argumentation est très logique et nous serions forcé de l'admettre à ne considérer que le texte de notre article en lui-même. Mais il faut l'interpréter de façon à le mettre d'accord avec les principes généraux, s'il n'y fait pas d'exception d'une façon expresse. Or, le principe en matière d'hérédité est que l'héritier *succedat in omne jus defuncti*, il est obligé de remplir tous les engagements pris par le défunt et de respecter tous les actes qu'il a faits. De telle sorte que l'héritier, qui opposerait le défaut de transcription, serait poursuivi à son tour par une action en garantie; il ne peut donc intenter cette action à cause de la maxime *quem de evictione tenet actio, eumdem agentem repellit exceptio*. Du reste, en vertu de quel droit agi-

rait-il? Le donateur ne peut opposer le défaut de transcription, ses héritiers ne peuvent s'en faire un moyen ;
ils ne peuvent avoir plus de droit que leur auteur, à
moins que la loi ne le leur donne; ce que prétendent nos
adversaires en se basant sur les travaux préparatoires,
comme nous l'avons vu. L'ordonnance de 1731 accordait
ce droit aux héritiers du donateur, mais il faut remarquer
d'abord que l'insinuation était exigée à peine de nullité de la donation; il est donc très logique que les héritiers aient pu invoquer son défaut. Il n'en est plus
ainsi avec la législation du Code civil et nous ajoutons
que, bien qu'il fût conforme aux principes des anciennes ordonnances d'accorder ce droit aux héritiers,
à cause du caractère de nullité imprimé à la donation,
il avait paru opportun de le dire expressément. Sous
le Code civil, où la transcription n'est pas exigée à
peine de nullité de la donation, il aurait fallu accorder
ce droit expressément aux héritiers, puisqu'ils ne
l'avaient plus d'après les principes généraux ; or, la loi
ne l'a pas fait. Et la preuve que ce droit a disparu,
ressort bien de la suppression qu'ont faite les législateurs du Code, de la disposition de l'ordonnance empêchant de frustrer les héritiers de ce droit qu'elle leur
accordait. En effet, l'art. 27 de l'ordonnance de 1731,
après avoir décidé que les héritiers du donateur pourraient se prévaloir de la nullité résultant du défaut d'insinuation, ajoutait : « La disposition du présent article
aura lieu, encore que le donateur se fût chargé expres-

sément de faire insinuer la donation à peine de tous dommages et intérêts : laquelle clause sera regardée comme nulle et non avenue ». Cette disposition a été supprimée dans le Code, ce qui n'aurait pas eu lieu si les législateurs avaient voulu protéger les héritiers sur ce point. Cette clause, en effet, devenant de style, supprimerait les effets de la loi. (En ce sens, arrêts de la C. de Toulouse, 27 mars 1808 ; Devil., 2ᵉ vol., 2ᵉ p., p. 369 ; C. d'Angers, 8 avril 1808, *id.*, p. 375 ; C. de Colmar, 13 décemb. 1808, *id.* 447 ; Cass., 12 décemb. 1810 ; Sir., 1811, 1, 33 ; C. de Besançon, 6 juin 1854 ; D., 55, 2, 346).

199. Quant à l'argument tiré de l'art. 783, il ne faut y voir qu'une considération intéressante au point de vue législatif ; mais dans l'interprétation de la loi, nous devons la prendre telle qu'elle est, avec ses imperfections. Du reste, les héritiers ne sont pas laissés sans protection. En acceptant sous bénéfice d'inventaire ils ne courent plus aucun danger.

200. M. Delvincourt (t. II, p. 484) a même soutenu que l'héritier avait une autre protection ; il lui accorde un recours contre le donataire qui, par négligence, n'a pas fait transcrire la donation (art. 1383). Mais nous ne voyons nulle part que le donataire soit obligé de faire transcrire. La transcription est un acte purement facultatif de sa part. On dit encore, que la transcription a été établie dans l'intérêt des tiers et pour les préserver des erreurs préjudiciables à leurs intérêts. Mais

nous n'admettons pas que les héritiers du donateur soient des tiers. L'opinion que nous soutenons est du reste généralement adoptée aujourd'hui (Duranton, t. VIII, p. 509; Demol., XX, 308; Aubry et Rau, t. VII; p. 389).

Ce que nous avons dit de l'héritier, doit s'appliquer à tout successeur à titre universel.

201. L'héritier du donateur, ne pouvant invoquer le défaut de transcription, nous ne saurions accorder ce droit à ses créanciers. Ils ne peuvent avoir plus de droit que leur débiteur. Personnellement, en effet, ils n'en ont aucun sur les biens de la succession ; ils ne pourraient agir qu'en exerçant celui de leur débiteur. L'acte de donation leur est tout à fait étranger, et ils n'ont pas à compter sur le patrimoine du défunt. Il est vrai qu'on peut trouver étrange que les créanciers de l'héritier ne soient pas assimilés aux créanciers du donateur, car la personne du donateur s'est continuée dans celle de l'héritier ; mais il faut remarquer que le créancier de l'héritier ne devient pas créancier de la succession ; il a, il est vrai, des droits sur les biens de la succession, mais ce n'est qu'autant que ces biens seront entrés dans le patrimoine de son débiteur. La position n'est pas semblable dans les deux cas ; les créanciers du donateur sont protégés par l'art. 941, tandis que ceux de l'héritier du donateur, n'ayant pas plus de droits que cet héritier, sont repoussés par la fin de cet article (V. arrêt, Cour de Paris, du 21 nov. 1840, D.; 1841, 2, 75).

§ 7. *Personnes chargées de faire transcrire et leurs ayants cause.*

202. A. *Principe.* — Le défaut de transcription, d'après l'art. 941, ne peut être opposé par ceux qui sont chargés de la faire opérer. Cette disposition, tirée des art. 30 et 31 de l'ordonnance de 1731, découle des principes généraux ; à ce point que, même en la supposant non écrite dans la loi, on devrait l'appliquer. On ne peut, en effet, se prévaloir de son dol ni même de sa simple faute pour en tirer un avantage. De plus, ces personnes étant responsables de ce défaut, seraient passibles de dommages-intérêts envers le donataire dépouillé ; leur demande serait donc repoussée par la maxime *quem de evictione...*

203. La loi place parmi ces exceptions les ayants cause de ces mêmes personnes et là naît une grande controverse sur le sens de ces mots ayants cause.

Il y a d'abord un point sur lequel tout le monde est d'accord : c'est que les héritiers et successeurs universels ou à titre universel sont compris dans l'exception par la même raison que leur auteur.

204. B. *Successeurs à titre particulier.* — Mais on discute beaucoup en ce qui concerne les successeurs à titre particulier : faut-il leur appliquer l'exception de

notre article ; et en supposant la question résolue affirmativement, faut-il la leur appliquer dans tous les cas ?

L'ayant cause d'une personne est celui qui tient ses droits de cette personne, et on doit prendre ces mots dans ce sens chaque fois qu'une raison spéciale ne vient pas en restreindre la portée. Or ici nous avons, au contraire, des raisons pour leur donner toute leur étendue. En effet, nous trouvons dans notre article une opposition frappante, entre les deux exceptions qu'il apporte au principe que tout intéressé peut opposer le défaut de transcription : d'une part, c'est celui qui est chargé de faire transcrire et ses ayants cause; de l'autre, c'est le donateur. Personne n'a jamais douté que dans cette seconde exception il fallut faire entrer les ayants cause à titre universel du donateur, bien que le texte les passât sous silence. Si le législateur n'a pas voulu dire davantage dans la première exception, pourquoi a-t-il ajouté ces mots : « et ses ayants cause » ; on ne peut que l'interpréter en ce sens, qu'il a voulu viser aussi les ayants cause à titre particulier. Cette différence est du reste très logique. La transcription a été établie dans l'intérêt des tiers ayant acquis des droits de la part du donateur, mais non dans celui des ayants cause des personnes chargées de faire transcrire. Aussi la loi ne s'occupe-t-elle d'eux que pour leur enlever expressément le droit d'opposer le défaut de transcription. L'ordonnance de 1731 em-

ployait les mêmes expressions : « le mari, ni ses héritiers ou ayants cause », et on leur donnait le sens général que nous croyons devoir leur donner ici.

205. Nous trouvons cette acception dans les interprètes de l'ordonnance. Furgole, sur l'art. 30, a écrit :
« La femme, en vertu de son hypothèque légale, aurait
recours contre les possesseurs des biens donnés, après
avoir discuté les biens de son mari ; si ces tiers oppo-
saient le défaut d'insinuation » ; et alors on dit : ce qui
empêche les tiers possesseurs d'opposer le défaut de
transcription, c'est l'hypothèque légale, soit de la
femme, soit du mineur, qui s'étendrait sur le bien même
lorsqu'il est entre les mains du tiers possesseur (V. Furgole, sur l'art. 32). « Ce qui ne souffre pas de difficulté dans les pays de droit écrit où la femme a une
hypothèque légale et tacite ». De même Pothier.
« L'ordonnance, par ses termes d'ayants cause, entend
que, si quelqu'un avait acquis même à titre singulier,
quelque immeuble du mari ou autre administrateur, il
ne pourrait opposer le défaut d'insinuation de la donation, parce que les choses par lui acquises se trouvant
hypothéquées à l'obligation en laquelle était le mari
ou autre administrateur de faire insinuer la donation,
il se trouverait tenu hypothécairement des dommages-
intérêts ».

Le point de départ de l'ancien droit sur cette question est donc l'hypothèque. Si nous prenons le même,
nous arrivons à cette conséquence que l'ayant cause

pourra opposer le défaut de transcription, chaque fois qu'il sera à l'abri de l'action hypothécaire, soit parce qu'il aura fait la purge, soit parce que la loi n'aura pas établi d'hypothèque, comme dans le cas où il s'agit d'un curateur. Aussi nous voyons quelques auteurs hésiter devant cet argument. « C'est dans ce cas, et uniquement dans ce cas, qu'il sera permis de douter, si la fin de non-recevoir établie contre les ayants cause doit s'appliquer aux acquéreurs à titre particulier et s'il n'y a pas lieu spécialement d'en excepter les acquéreurs à titre onéreux par argument de l'art. 1072, qui ne refuse pas indistinctement aux ayants cause du grevé le droit d'opposer aux appelés le défaut de transcription de la substitution, mais qui comprend dans sa disposition, avec le grevé lui-même ses donataires légataires et héritiers » (Demante, p. 199, t. IV).

206. Il faut chercher alors le motif, ailleurs que dans l'hypothèque : c'est dans l'idée d'ayant cause; et on arrive à une autre distinction. Lorsque le donateur n'est pas la personne chargée de faire transcrire, il n'y a pas de doute, il faut refuser au successeur à titre particulier de celle-ci le droit d'opposer le défaut de transcription. Il ne pourrait agir en effet dans ce cas qu'en vertu de l'action oblique. Il faudra supposer, par exemple, que le donateur a vendu le bien donné au mari et celui-ci à un tiers. Ce tiers ne peut opposer le défaut de transcription, qu'en invoquant le droit du

mari et comme son ayant cause ; il faut donc lui refuser ce droit.

207. Mais si la personne chargée de faire opérer la transcription est le donateur, la solution sera-t-elle différente ? Un mari, après avoir donné un immeuble à sa femme, le vend à un tiers ; ce tiers, en opposant le défaut de transcription, n'agit plus comme ayant cause du mari, mais en vertu d'un droit propre direct sur le patrimoine de son auteur. « Ce bien-là, dit M. Demolombe (tome XX, p. 293), est son gage à lui même, directement *proprio jure*; et c'est sur ce bien même que se trouvant, sans l'intermédiaire du mari et pour ainsi dire face à face avec le donataire, il lui oppose le défaut de transcription ; non pas du chef du mari dont il n'invoque pas le droit, mais de son propre chef et en vertu de son droit personnel ». M. Demolombe invoque encore en ce sens un argument d'analogie tiré des art. 1070 et 1072 d'après lesquels, les créanciers et tiers acquéreurs du grevé peuvent opposer le défaut de transcription, bien que celui-ci soit chargé de faire transcrire. On ajoute encore un autre argument. Les biens donnés ont été vendus par le donateur ; l'acquéreur est ayant cause du donateur ; or ceux-ci peuvent opposer le défaut de transcription ; que le donateur soit chargé de faire transcrire, cette circonstance ne peut changer les droits des tiers, qui ne sont pas tenus de ses obligations personnelles. Cet argument a été présenté devant la Cour de cassation, le

4 juin 1823 (V. Sir., 1823, 1,268). Mais la Cour l'a rejeté. La jurisprudence a du reste varié depuis.

208. Nous ne saurions admettre ce système. En supposant que le motif, qui a fait édicter par nos législateurs la disposition dont il s'agit, ne soit pas le même que celui de l'ordonnance, il n'en est pas moins vrai que la raison tirée de l'existence de l'hypothèque légale subsiste toujours et si elle ne s'applique pas à tous les cas, elle a encore sa valeur. La femme, évincée du bien donné, est incontestablement créancière du mari, et, comme telle, a une hypothèque légale sur tous ses biens. Si on nous oppose que la donation n'a pas d'effet à l'égard de l'acquéreur, en ce sens qu'elle n'empêche pas qu'il soit devenu propriétaire de l'immeuble ; nous répondrons qu'il est devenu propriétaire d'un bien frappé d'hypothèque, et notre motif subsistera encore. Nous arriverions donc forcément à une distinction que la loi ne fait pas : lorsqu'il y a hypothèque, les tiers acquéreurs ne peuvent opposer le défaut de transcription ; ils le peuvent lorsqu'il n'y en a pas ou qu'ils ont purgé ; mais c'est méconnaître la généralité du texte. Quant aux art. 1070 et 1072, nous avons déjà vu qu'on ne pouvait les appliquer ici, à cause de la spécialité de la matière qu'ils traitent. Ils ne feraient, dans tous les cas, qu'établir une distinction entre les acquéreurs à titre onéreux et ceux à titre gratuit, mais non celle que l'on veut établir ici.

Mais, même en laissant de côté ce point de vue de

l'hypothèque, nous ne pensons pas devoir adopter ce système. Les tiers agissent en vertu d'un droit propre, dit-on; cependant, on ne peut nier qu'ils tiennent leur droit du précédent propriétaire qui est chargé de faire transcrire; ils en sont, par suite, les ayants cause, et c'est la seule condition exigée par le texte. Quant à la distinction que l'on veut faire entre le mari donateur et le mari chargé de faire transcrire, il nous paraît bien difficile de l'admettre; nous ne pensons pas que l'on puisse scinder ainsi une personne. Les deux caractères de donateur et d'administrateur sont réunis en lui; on ne peut en laisser un de côté pour considérer uniquement l'autre. Que reste-t-il, alors? Deux principes: Les acquéreurs du donateur peuvent opposer le défaut de transcription; les acquéreurs de ceux chargés de faire transcrire ne jouissent pas de ce bénéfice. Le second étant restrictif, il ne faut pas reculer devant son application, sous prétexte qu'il fait exception au premier.

La jurisprudence s'est prononcée plusieurs fois en ce sens (C. Angers, 12 déc, 1829; S., 1830, 2, 140, Paris, 2 janv. 1854; D., 1854, 2, 59).

Nous trouvons, en sens contraire, un arrêt de la Cour cassation du 4 janvier 1830 (S., 1830, 1°, 32).

## § 8. *Le donataire et ses héritiers.*

209. Parmi les personnes intéressées à opposer le défaut de transcription, mais seulement dans quelques cas particuliers, comme nous allons le voir, se trouvent le donataire lui-même et ses créanciers. Par exemple : un individu a reçu une donation avec charges. Le donateur meurt en laissant le donataire pour héritier. Le donataire peut avoir intérêt à faire tomber la donation pour que les biens rentrent dans la succession de son auteur où il les retrouve ; et en même temps, que la donation, par laquelle des charges lui sont imposées, étant sans force, il soit libéré des charges. Ses créanciers peuvent avoir aussi un intérêt direct. C'est l'hypothèse qui s'est présentée devant la Cour de Toulouse le 28 juillet 1859 (S., 1859, 2, p. 1). Une donation préciputaire avait été faite par un père à sa fille en contrat de mariage. Les époux avaient adopté le régime dotal. Plus tard la fille hypothèque ses biens. Le père meurt. Les créanciers hypothécaires de la fille donataire avaient tout intérêt à faire tomber la donation, pour faire rentrer les biens dans le patrimoine du père et leur faisant ainsi perdre la qualité de biens dotaux, exercer sur eux leur action hypothécaire. Ces prétentions furent rejetées. On

admet généralement qu'il en doit être ainsi. Les créanciers prétendaient que l'art. 941 était général, et que, ayant intérêt à opposer le défaut de transcription, ils avaient le droit de le faire. Mais on a répondu que la transcription était établie pour ceux qui traitaient avec le donateur, mais non dans l'intérêt du donataire et de ses ayants cause. Cet intérêt se présente rarement et seulement dans le cas où le donataire devient héritier du donateur et pour les hypothèses que l'on peut prévoir, il est facile d'établir que les ayants cause à titre particulier du donataire n'ont pas besoin d'opposer le défaut de transcription ;

« Ou bien le donataire avant d'hériter a redonné l'immeuble et alors cette donation devant être transcrite, les créanciers du premier donataire peuvent se prévaloir du défaut de cette formalité ;

« Ou bien on a consenti des hypothèques sur l'immeuble donné et ces hypothèques devront être spéciales (car autrement elles frapperaient les biens présents et à venir et par suite le bien en question quand il rentrerait dans les mains du donataire en tant qu'héritier du donateur), les tiers peuvent s'assurer en traitant avec le donataire que ces biens sont grevés d'inscription ;

« Ou bien il peut arriver que la donation a été faite à une femme par contrat de mariage et que les immeubles donnés soient dotaux ; dans ce cas, les tiers qui traitent avec elle ont un moyen bien simple de connaître sa véritable situation, c'est de se faire représenter son contrat de mariage ; ils ne sauraient imputer leur dommage qu'à eux-mêmes s'ils ne l'ont pas fait ;

« Ou bien le donataire peut avoir vendu par acte sous seing privé l'immeuble donné, les créanciers n'ont dans ce cas aucun moyen de connaître l'aliénation ; mais ils sont dans la même situation que les ayants cause du donateur vis-à-vis de ce dernier et leur situation ne présente rien de particulier » (arrêt cité).

La Cour, se basant sur ces motifs, a refusé aux créanciers du donataire le droit d'opposer le défaut de transcription. La Cour de cassation s'est prononcée en ce sens le 1ᵉʳ mai 1861 (S., 1861, 1, 482). On ne peut accorder au donataire plus de droit qu'au donateur il y aurait contradiction choquante.

### § 9. *Ceux qui avaient connaissance de la donation peuvent-ils opposer le défaut de transcription.*

210. La raison déterminante qui fait refuser le droit dont il s'agit au donateur et au donataire n'est pas qu'ils avaient connaissance de l'acte, mais que ce droit n'a pas été établi en leur faveur. La première raison, en effet, s'appliquerait à beaucoup d'autres cas où les tiers ont connu la donation et nous allons voir que ce

n'est pas là une fin de non-recevoir contre ceux qui opposent le défaut de transcription.

Cette question s'était déjà présentée dans l'ancien droit, et l'affirmative et la négative avaient été également soutenues. Cette discussion est résumée dans Ricard (*Traité des donations*, 1<sup>re</sup> partie, n<sup>os</sup> 249 et suiv.). En faveur de la négative soutenue par Guy Coquille (n° 165, *Quest. sur la coutume*), on disait que l'insinuation n'avait été introduite que pour rendre la donation publique, et qu'il suffisait que ce but fût atteint par un moyen quelconque. Ainsi, dans ce système, l'insinuation était inutile pour ceux qui étaient présents à l'acte de donation; et, en ce sens, on trouve un arrêt du Parlement de Provence du 16 juin 1651, rapporté par Boniface, tome I, livre VII, chap. xiv. Il s'agissait d'un frère aîné qui avait été présent à la donation faite par leur père à son frère puîné, et voulait opposer le défaut d'insinuation de celle-ci. On voulait établir une distinction selon que le frère aîné était intervenu comme témoin ou comme intéressé; mais elle fut repoussée, et la donation fut considérée comme valable, par cette raison « que celui qui a été présent à la donation ne peut opposer l'ignorance d'icelle. » Ricard n'admet pas cette opinion, parce que l'insinuation était une formalité nécessaire à l'égard de tous autres que les parties principales, et il cite en sa faveur un arrêt du 21 mars 1595. Telle était aussi l'opinion de Furgole sur l'article 27 de l'ordonnance de 1731. L'article ne distingue pas entre ceux qui ont connu et ceux qui ont ignoré la donation. Cependant si le donataire opposait l'exception de fraude et parvenait à la démontrer, il faudrait laisser subsister la donation : « la fraude étant un vice plus essentiel, et affectant plus l'acte postérieur que le défaut d'insinuation n'affectait la donation »; ce qui devait avoir lieu, principalement s'il était prouvé que le second donataire ou l'acquéreur eut incité le premier donateur à vendre ou donner de nouveau les biens donnés ou vendus, au préjudice de la première donation. Telle était aussi l'opinion de Pothier (*Don.*, art. 111, n° 119). Aux raisons déjà données, il ajoute que les ordonnances ont introduit l'insinuation, pour éviter qu'il ne se fît des donations simulées; et qu'il résulte du défaut d'insinuation que les parties ont voulu tenir l'acte caché pour pouvoir faire une donation simulée; que ceux même qui en ont connaissance peuvent porter ce jugement, et par suite opposer le défaut d'insinuation.

211. Que devons-nous décider dans notre droit actuel? Nous pensons qu'il faut donner la même solution, et en cela nous nous rangeons à l'avis presque général des auteurs. La transcription, en effet, a été établie pour que la donation eut effet à l'égard des tiers, et rien ne peut y suppléer. La loi exige qu'ils en aient une connaissance légale; cette connaissance ne peut résulter que du mode établi par elle. La donation doit être transcrite (art. 939); tout tiers intéressé peut opposer

le défaut de transcription (art. 941); la loi ne fait pas
la distinction que l'on veut établir. On ferait naître
par là de grandes difficultés pratiques que les législateurs ont voulu éviter. L'art. 1071 décide la question
en ce sens pour les substitution, et l'analogie de
motifs qui existe sur ce point nous permet de donner
la même solution en matière de donations. Dans l'ancien droit, on s'appuyait sur l'art. 33 de l'ordonnance
de 1747 sur les substitutions pour décider la question en
ce sens; or, notre art. 1071 est la reproduction de
cet art. 33. Nous avons donc pour nous des motifs sé-
rieux et la tradition. La jurisprudence est fixée en ce
sens (Grenoble, 14 juill. 1824; S., 1825, 2, 233. Limoges, 16 mai 1839; S., 1840, 2, 14. Caen, 18 décembre 1835 et 1847, 2, 735. Paris, 2 mai 1860;
D., 61, 2, 65).

212. M. Boissonade (*Rev. prat.*, t. XXX, 1870) a soutenu un autre système à propos de la loi de 1855 et qu[i]
aurait ici son application. Il faudrait appliquer la théorie
des présomptions légales. L'acte transcrit est censé
connu de tout le monde; l'acte non transcrit n'est pas
connu. Voilà la présomption légale. On ne peut prouver
contre une présomption légale, art. 1352, mais il y a une
exception pour deux modes de preuve, l'aveu et le serment. Ces deux modes doivent être admis contre l'intéressé à opposer le défaut de transcription. Si on arrive à prouver qu'il avait connaissance de la première
aliénation, il ne pourra opposer le défaut de transcrip-

tion. Nous ne pouvons admettre ce système. Il ne faut pas voir dans la transcription de la donation seulement une présomption légale, car on pourrait faire le raisonnement inverse. L'hypothèse que nous allons faire est peu pratique, il est vrai, mais est réalisable. Il se pourrait que la donation étant transcrite, on arrivât à prouver par l'un de ces deux modes que l'intéressé à connaître la donation l'ait ignorée, et alors la présomption de la connaissance par lui de cet acte étant détruite, on ne pourrait lui opposer cette première donation, ce qui n'est pas admissible. Il faut donc voir dans la transcription, non une présomption légale, mais une condition nécessaire, pour que la donation ait effet à l'égard des tiers intéressés. En dehors de cette considération, nous avons un texte formel pour nous, l'article 1071 (V. la réponse de M. Garsonnet à M. Boissonade, *Rev. prat.*, t. **XXXI**, 1871, p. 441).

# CHAPITRE VI

DU DÉFAUT DE TRANSCRIPTION CONSIDÉRÉ AU POINT DE VUE
DE LA PRESCRIPTION

213. La question a déjà été vivement débattue dans l'ancien droit à propos de l'insinuation. On disait que cette formalité n'étant qu'une mesure de publicité, devait être remplacée par une longue possession. Et de plus, une possession de dix ans devait donner pleine assurance pour la propriété, vu qu'elle était appuyée sur un juste titre (arrêts du 13 mai 1556 rapporté dans Boniface, t. I, p. 426).

Cette solution n'était cependant pas générale, et Ricard (*Donat.*, I, p. 296) se prononce en sens contraire. D'après lui il faut une prescription de trente ans, et nous avons vu les raisons sur lesquelles il s'appuie; il ne s'agit pas seulement de publicité, mais de perfection de l'acte.

214. Dans notre droit actuel, une grande raison milite en faveur de la prescription de dix à vingt ans.

L'art. 938 déclare la propriété transférée par l'acte de donation dûment en forme. Qu'exige l'art. 2265 : deux conditions, le juste titre et la bonne foi. L'acte de donation constitue le juste titre, il est régulier dans sa forme, nous le supposons bien entendu, et de plus, il émane du véritable propriétaire, ce qui est une condition superflue pour la prescription. Le nouvel acquéreur possède donc en vertu d'un juste titre et comme véritable propriétaire de bonne foi. La Cour d'Agen a admis ce système dans un arrêt du 24 novembre 1842 (S., 1843, 2, 177), de même la Cour de cassation, le 16 juin 1868 (D., 69, 1, 478).

Nous ne l'admettons pas. Contre qui, en effet, la prescription est-elle invoquée ? Contre des créanciers, tiers acquéreurs de l'ancien propriétaire, en un mot, contre les personnes protégées par l'art. 941. Il ne s'agit donc pas d'examiner s'il y a juste titre à l'égard de l'ancien propriétaire, mais bien à l'égard de ces personnes ; or, pour elles, le titre n'a pas d'effet tant qu'il n'est pas transcrit ; il ne peut donc avoir l'effet d'un juste titre. Le premier raisonnement ne peut s'appliquer qu'à l'égard de personnes non protégées par l'art. 941 ; par exemple, si un propriétaire apparent avait donné un immeuble ne lui appartenant pas, le donataire, bien que n'ayant pas fait transcrire son titre, pourrait opposer la prescription de dix ans au véritable propriétaire. L'art. 941 n'est pas fait pour le

protéger ; l'acte de donation est à son égard un juste
titre, même s'il n'est pas transcrit. Mais à l'égard des
tiers, il n'y a pas juste titre ; il faut une possession de
trente ans (Arrêt de la Cour de Bordeaux, 26 fév. 1851 ;
S., 1851, 2, p. 243. Cass., 26 janv. 1876 ; D., 1876,
1, 169).

# APPENDICE

215. Il nous reste à étudier si les dispositions du Code sur les donations en matière de transcription ne sont pas modifiées par les règles établies pour la transcription des substitutions. Les art. 1070 et 1072 considèrent-ils l'acte seulement comme substitution ou bien ont-ils leur effet sur la donation et sur la substitution à la fois?

L'intérêt se présente, comme nous l'avons déjà vu, à propos de la question de savoir quelles personnes peuvent opposer le défaut de transcription. Il résulte, en effet, des art. 1070 et 1072 du Code civil que, en matière de substitutions, les créanciers et acquéreurs à titre onéreux pourront seuls se prévaloir de la violation de l'art. 1069; les donataires, légataires et héritiers légitimes seront exclus de ce droit. Ces donataires et légataires, dont parle l'art. 1072, sont-ils seulement les grevés eux-mêmes, et alors au lieu de voir dans l'art. 1072 une dérogation aux principes de la transcription des donations, il ne faudra y voir que l'application de la règle qui défend à ceux qui sont chargés de faire transcrire d'opposer le défaut de cette

formalité ; ou bien ces donataires sont-ils tous les donataires en général grevés ou non, et alors nous avons
une dérogation à l'art. 941 qui permet à tout intéressé
d'opposer le défaut de transcription ; ces donataires
pourront opposer le défaut de transcription aux grevés,
mais ne le pourront pas aux appelés.

Le premier système est basé sur les précédents historiques et sur la difficulté de donner un sens à certains mots de l'art. 1072. L'art. 18 de l'ordonnance de
1747, en faisant l'énumération des personnes qui peuvent être grevées, héritiers testamentaires, légitimes,
donataires ou légataires, les charge de faire publier et
enregistrer la substitution, et, comme sanction, l'article 34 leur enlève le droit d'opposer le défaut de
transcription. Cet art. 34 ne s'appliquait donc qu'aux
héritiers légataires ou donataires grevés et non aux
donataires postérieurs, à la disposition qui contenait
la charge de rendre. Ces articles ont passé dans notre
Code à peu près tels qu'ils étaient. Cependant l'art. 1069
a une petite différence de rédaction avec l'art. 18 de
l'ordonnance. L'énumération des personnes pouvant
être grevées a été remplacée par ces seuls mots « le
grevé » ; mais l'art. 1072 l'a reproduite, et il est incontestable qu'il existe entre ces deux articles du Code la
même relation qu'entre les art. 18 et 34 de l'ordonnance. L'art. 1072 ne doit donc viser que les mêmes
personnes que l'art. 1069, c'est-à-dire le grevé.

On ajoute qu'avec cette théorie on explique très

bien le texte de nos articles : « Les donataires légataires, ni même les héritiers légitimes. » Quel intérêt
peut avoir l'héritier légitime à opposer le défaut de
transcription, si ce n'est pas lui qui est le grevé? En
supposant sa demande admise, il ferait tomber la substitution, mais la première disposition n'en subsisterait
pas moins, et cet héritier ne succéderait pas pour cela
à son auteur. Ces mots, au contraire, s'expliquent
très bien dans le système que nous exposons. L'héritier a été grevé de restitution par une disposition tes-
tamentaire par exemple et n'a pas fait transcrire; il ne
pourra opposer le défaut de transcription en qualité de
légataire grevé, mais en qualité d'héritier intéressé à
faire tomber la substitution, il pourrait l'opposer si la
loi ne le lui défendait pas (*Rev. crit. de législ.*, t. XIV,
p. 20. Pison). L'art. 1072 ne s'occupe donc que des
rapports du grevé avec l'appelé; on ne peut donc l'invoquer pour prouver que les donataires postérieurs ne
peuvent opposer le défaut de transcription.

216. Nous n'admettrons pas ce système, bien qu'il
soit favorable à la solution que nous avons adoptée sur
la question des droits du second donataire à opposer
le défaut de transcription. Il nous paraît que cet article
ne s'occupe pas seulement des rapports du grevé avec
l'appelé, mais encore de tout intéressé à faire tomber
la substitution. Ainsi donc, en supposant une donation
faite à charge de rendre sans transcription, puis une
seconde du même objet à une tierce personne, ce tiers

pourra, en vertu de l'art. 941, opposer le défaut de transcription au grevé, mais ne le pourra pas opposer à l'appelé à cause de l'art. 1072.

Nous ferons remarquer que notre droit actuel diffère de l'ancien droit par la manière même dont s'accomplissent les formalités de publicité. Dans l'ancien droit la donation et la substitution ne se publiaient pas de la même façon : l'une par l'insinuation, l'autre par l'enregistrement au greffe et lecture à l'audience. Actuellement, au contraire, les deux formalités s'exécutent de la même manière. Mais des changements plus essentiels se sont produits. Dans l'ancien droit, en effet, la substitution pouvait être faite au profit d'un seul des enfants du grevé ; on comprenait très bien alors la seconde partie de l'art. 34 qui défendait aux héritiers du grevé d'opposer le défaut de publicité, ils pouvaient avoir intérêt à le faire. Dans notre droit, au contraire, la substitution doit être faite au profit de tous les héritiers du grevé ; comment comprendre la fin de l'article 1072 qui défend aux héritiers des personnes énumérées dans la première partie de l'article, d'opposer le défaut de transcription si ces personnes sont les grevés. On ne voit pas l'intérêt qu'elles peuvent avoir à faire tomber la substitution. De même pour les personnes qu'on peut grever, ce ne sont plus que les héritiers légitimes ; pourquoi donc si la loi ne veut parler que du grevé, énumérer les donataires et les légataires puisqu'il n'y a que des héritiers légitimes. Et cette énumération est cependant faite à dessein. Nous la voyons supprimée dans l'art. 1069 et remplacée par le mot grevé ; pourquoi le législateur n'a-t-il pas fait ici la même correction à l'ancienne ordonnance dans un article aussi rapproché de l'art. 1069, si ce n'est pour établir une différence entre les deux et laisser au second tout le sens que la généralité de ses termes comporte.

Même ainsi interprété, il nous paraît que l'art. 1072 ne peut fournir un argument en faveur de la théorie, qui refuse aux seconds donataires le droit d'opposer le défaut de transcription d'une première donation. En effet, s'il n'y avait là que l'application de cette théorie, il eût été inutile d'indiquer une conséquence aussi naturelle. Nous ne pouvons, de ce cas particulier, conclure à une théorie générale dont la place était marquée plutôt au titre des donations qu'à celui des substitutions, et à propos d'une hypothèse spéciale. Il serait plus logique de considérer l'art. 1072 comme une exception accordée en faveur de l'appelé.

# QUATRIÈME PARTIE



## § 1. *Principe.*

217. La loi de 1855 règle la publicité des actes translatifs de propriété en général; mais comme cette matière avait été réglementée par le Code civil pour certains actes à titre gratuit, les rédacteurs de cette loi n'ont voulu modifier en rien les prescriptions déjà existantes. « Il n'est point dérogé aux dispositions du Code civil relatives à la transcription des actes portant donations ou dispositions à charge de rendre (art. 11). Donc pour tout ce que le Code a réglé, nous devons laisser de côté la loi de 1855.

## § 2. *Servitudes, antichrèse, habitation.*

218. Cette règle qui paraît simple a soulevé des difficultés.

La loi de 1855 soumet à la transcription certains actes dont le Code n'avait pas parlé à ce point de vue : d'après l'art. 2 doivent être transcrits les actes constitutifs d'antichrèse, de servitude et d'habitation, qui n'étant pas susceptibles d'hypothèques ne sont pas compris dans les dispositions de l'art. 939 du Code civil. On a alors raisonné de la manière suivante : Le Code n'a pas soumis ces actes à la transcription. Il n'y a pas, il est vrai, de texte spécial en parlant ; mais la disposition de l'art. 939 peut se décomposer en une double règle. Il s'agit de déterminer le moment où la donation a effet à l'égard des tiers. S'agit-il d'un bien susceptible d'hypothèque, la donation ne prend date que du jour de la transcription. Le bien n'est-il pas susceptible d'hypothèque, la donation produit son effet à partir de sa date. Or, l'article 11 de notre loi décide que rien n'est changé au Code. La seconde règle doit donc encore avoir son application comme la première. Et si le Code ne soumet pas ces donations à la transcription, la loi de 1855 ne le fait pas non plus. Il est vrai que le défenseur de cette théorie, M. Mourlon, admet que d'après le Code ces donations doivent être transcrites ; mais nous n'avons pas admis ce système et nous pensons cependant que la loi de 1855 s'applique à ces donations. Le Code, en réglant la transcription des donations de biens susceptibles d'hypothèques, en a par là même dispensé implicitement les autres ; mais cette prétendue exception, n'est qu'un retour au droit commun et dès lors, on ne peut dire qu'il y ait là une règle spéciale à laquelle la loi de 1855 ne peut déroger. « Ce n'est point déroger au Code que d'aller au delà de ses limites, dit M. Troplong (*Com. sur transc.*, n° 112), d'ajouter à l'obligation de transcrire dans certains cas une obligation analogue pour d'autres cas. » Le Code avait laissé ces actes dans le droit commun. La loi de 1855 change ce droit commun ; ces actes doivent suivre les modifications apportées.

219. Il y a intérêt à se prononcer sur cette question, de savoir si, en pareil cas, la transcription a lieu d'après le Code civil, comme dans la théorie de Mourlon, ou d'après la loi de 1855. Ce ne sont pas, en effet, les mêmes personnes qui pourront se prévaloir de son défaut dans les deux cas. Le Code civil est sur ce point beaucoup plus large que la loi de 1855, comme nous le verrons un peu plus loin.

220. Toujours en vertu de notre art. 2, § 2, sont soumis à transcription les actes à titre gratuit portant renonciation à ces mêmes droits.

Les actes ou jugements constatant la remise ou cession à titre gratuit de loyers ou fermages non échus pour plus de trois années

## § 3. *Jugement prononçant la nullité ou rescision d'un acte transcrit.*

221. L'art. 4 soumet à une mention faite en marge de la transcription tout jugement prononçant la résolution, nullité ou rescision d'un acte transcrit, par conséquent d'une donation transcrite. Cette prescription de la loi de 1855, n'est pas la première que l'on trouve sur ce point. L'art. 958 du Code civil prescrit l'inscription de la demande en révocation d'une donation pour cause d'ingratitude, en marge de la transcription de la donation pour que les aliénations, hypothèques ou autres charges réelles que le donataire pourrait consentir après cette demande, n'aient pas d'effet.

D'après le texte de l'art. 4, il ne faut transcrire que les jugements prononçant la nullité, mais non ceux qui simplement constatent une nullité déjà existante. Il faut que le contrat existe encore au moment du jugement et qu'il soit annulé par lui. Le texte est formel, nous sommes dans une matière toute d'exception, on ne peut étendre les dispositions de la loi (Riv. et Huguet, *Quest. sur transc.*; *Mél.*, Val., tome XII, n° 259; Aubry et Rau, § 209, note 73). On fait l'application de cette théorie aux différents cas de nullité ou résolution des donations. Par exemple en cas de révocation de dona-

tion pour survenance d'enfant, il n'y aura pas lieu à
transcription puisque la donation est révoquée par le
seul fait de la survenance de l'enfant, sans qu'il y ait
besoin de jugement. Nous ne croyons pas devoir
admettre cette théorie. En matière de nullité et résolution, nous voyons en effet la loi faire souvent une confusion entre les différentes expressions qu'elle emploie.
C'est ainsi qu'au titre de la vente nous voyons l'article 1658, confondre dans le seul mot de nullité les cas
où la vente est nulle de plein droit et les cas où elle est
simplement annulable. Et si nous rapprochons cet article 1658 de l'art. 1674, nous voyons que dans le premier elle appelle résolution ce que dans le second elle
appelle rescision. Il règne en cette matière une grande
confusion, il ne faut donc pas faire de distinctions qui ne
seraient pas justes au fond. Et, en effet, pourquoi distinguer entre la publicité des donations nulles de plein
droit et celles résolues par un jugement. Dans les deux
cas l'intérêt des tiers à connaître les changements sur-
venus dans l'état de la propriété est bien le même.

Nous prendrons donc l'expression de la loi dans son
sens le plus général. Cependant, si au lieu d'un jugement il y avait simplement un acte amiable entre les
parties, nous ne pensons pas qu'on puisse faire entrer
ce cas dans les prévisions de notre article. L'intérêt des
tiers est aussi grand, mais ce serait sortir tout à fait du
texte que de l'appliquer à ce cas.

## § 4. *Révocation pour ingratitude.*

**222.** On a discuté le point de savoir si la mention devait être faite pour un jugement prononçant révocation de donation pour ingratitude. Il n'y a là en effet, ni nullité, le contrat n'est pas vicié, ni résolution. L'effet de la résolution est de faire considérer le contrat comme n'ayant jamais existé (1183). Or, en cas de révocation de donation pour ingratitude, nous voyons subsister les aliénations faites par le donataire (958). Il n'y a donc pas là une résolution telle que la définit le Code. Par suite, la mention du jugement n'est pas comprise dans l'art. 4. Cette formalité était du reste inutile. Le Code avait prévu l'intérêt de cette publicité et avait ordonné la mention de la demande en révocation (Riv. et Hug., n° 261).

**223.** Nous ne pensons pas devoir admettre ce système. Il est certain qu'il n'y a pas résolution dans le sens ordinaire du mot. Nous sommes cependant conduit à qualifier ainsi cette révocation. Nous la faisons entrer dans les cas de révocation pour inexécution des conditions du contrat de donation. C'est ainsi qu'elle a été considérée dans les travaux préparatoires. M. Bigot-Préameneu le dit expressément, dans son rapport au Corps législatif (Fenet, tome XII, p. 550). « La ré-

vocation pour inexécution des conditions est commune
à toutes les conventions. Mais il est deux autres conditions que la loi a présumées : la première que le donataire ne se rendrait pas coupable d'actes d'ingratitude,
tels que si le donateur avait pu les prévoir, il n'eut
point fait la donation ; et la seconde, qu'il ne lui sur-
viendrait point d'enfants. » Nous voyons donc que
dans la pensée des législateurs, cette cause de révocation était placée absolument sur la même ligne que les
autres cas d'inexécution des conditions. Elle est une
condition tacite, mais aussi obligatoire que les conditions exprimées dans l'acte de donation. Et si on ne lui
a pas donné les mêmes effets, c'est qu'elle n'a pas dû
entrer dans la pensée des parties ; qu'elle dérive de la
loi elle-même, qui lui a attaché un caractère de pénalité dont on ne peut faire souffrir les tiers. La loi lui a
attaché pour l'avenir seulement les effets d'une condition résolutoire, qui s'accomplira par le prononcé du
juge. Cette résolution est intéressante à connaître pour
les tiers qui voudraient traiter avec le donataire. On
objecte, qu'ils sont prévenus par la mention de demande en révocation ; mais ils sont prévenus seulement
qu'une instance est introduite, mais non du résultat et
la propriété peut ainsi rester longtemps en suspens.

224. Il y a au surplus un autre intérêt. Nous pouvons supposer que la mention de l'art. 958 n'ait pas été
faite ; jusqu'au prononcé du jugement, le donataire
étant encore propriétaire, a le droit d'aliéner ou de

consentir des charges réelles sur le bien donné. Comment prévenir le tiers que son droit est résolu? Il serait bien étrange, en effet, et contraire à la logique de laisser faire la mention d'une demande en révocation, alors que cette révocation est prononcée, plutôt que la mention de la révocation elle-même. Les termes de l'art. 958 semblent bien du reste interdire cette solution : « Pourvu que le tout soit antérieur à l'inscription qui aurait été faite ». Les mots « aurait été faite » supposent un délai après lequel on ne peut plus faire cette inscription, sinon on aurait mis simplement « antérieur à l'inscription ». Ce délai doit expirer au prononcé du jugement. En soumettant ce jugement à la mention, nous restons donc dans les limites de la loi et de la logique.

225. Le Code italien prend le principe de l'art. 958 du Code civil et l'étend à un plus grand nombre de cas (art. 1080 et 1088) et spécialement, en ce qui concerne les donations, il assimile la révocation pour inexécution des charges et pour survenance d'enfants à la révocation pour ingratitude au point de vue des droits des tiers ; cette révocation n'a pas d'effet à l'égard des tiers qui auraient acquis et conservé par la transcription des droits réels sur les biens donnés, avant la transcription de la demande en révocation. Cependant on ne peut plus voir le caractère de pénalité que l'on trouve dans la révocation pour ingratitude. Nous ne pensons pas que cette assimilation soit bien fondée,

d'autant plus que la révocation a un effet rétroactif si elle a lieu par l'arrivée d'une condition résolutoire autre que l'inexécution des charges.


## § 5. *Demande en réduction.*


226. La même question se pose pour les demandes en réduction. Nous rencontrons la même divergence dans la doctrine. Les auteurs se liant au texte ne soumettent pas ces demandes à la formalité prescrite par l'art. 4 de la loi de 1855 qui ne les indique pas expressément. Les autres, et nous nous rallions à leur opinion, considèrent la réduction comme une résolution partielle. Elle en a tous les effets. L'immeuble (art. 929 et 930) revient dans la succession libre de toutes charges réelles; l'action peut être intentée contre les tiers détenteurs.


## § 6. *Révocation en vertu de l'art.* 1167.


227. L'acte de donation peut encore être révoqué en vertu de l'art. 1167. La question revient à celle de déterminer le caractère de l'action paulienne. D'après MM. Rivière et Huguet, notre art. 4 ne doit pas être

appliqué dans ce cas. L'acte n'est résolu, ni annulé, ni rescindé ; il est révoqué. Dès lors, nous sommes en dehors des termes de la loi. Dans l'action en nullité ou rescision, c'est la partie elle-même qui revient contre son propre fait, et demande à être restituée contre son engagement ; dans l'action paulienne, au contraire, ce sont des tiers qui agissent (n° 270). Mais l'effet de cette action révocatoire n'est-il pas de faire considérer l'acte attaqué comme non avenu, et de faire rentrer le bien dans le patrimoine du débiteur. La loi elle-même, lorsqu'elle fait application de l'art. 1167, emploie le mot « annule ». Art. 622 : les créanciers de l'usufruitier peuvent faire annuler la renonciation qu'il aurait faite à leur préjudice. (En ce sens, Troplong, n° 220. Aubry et Rau, tome II, p. 305.) Le créancier avait un droit de gage sur les biens de son débiteur. C'est en vertu de ce droit qu'il agit. Nous croyons devoir appliquer l'art. 4.


## § 7. *Quid si la donation n'a pas été transcrite ?*


228. La mention de l'art. 958 et celle de l'art. 4 de la loi de 1855 ne peuvent avoir lieu que si la donation a été transcrite, puisqu'elle doit se faire en marge de transcription de la donation. Supposons que la transcription n'ait pas été faite et qu'un tiers ait acquis un

droit réel sur l'immeuble du chef du donataire; après cet acte d'acquisition, le donateur intente l'action en révocation: elle n'aura pas d'effet à l'égard de ce tiers. Le projet de l'art. 958 ne faisait remonter l'effet de la révocation qu'au jour de la demande (Fenet, tome XII, p. 372). Lorsque ce projet fut présenté à la section de législation du Tribunat, cette section demanda que l'on ajoutât à l'article que la révocation n'eût d'effet que du jour où la demande aurait été mentionnée en marge de la transcription, parce que dans le temps qui s'écoulera entre la demande et le jugement de révocation, les tiers, ignorant cette demande, pourraient contracter avec le donataire et devenir victimes de leur bonne foi (Fenet, XII, p. 454). La pensée des législateurs est donc bien nettement favorable aux tiers. On évitera tout danger en exigeant, avant de traiter avec le donataire, que la transcription soit faite. Mais c'est le donateur qui sera lésé. Supposons, en effet, que le tiers ait acquis des droits après la demande en révocation, mais en exigeant la transcription. Il oppose « au donateur la non mention de la demande en marge de la transcription. Celui-ci ne pouvait cependant la faire, puisque la transcription elle-même n'avait pas été faite au moment de la demande. C'est vrai; mais il avait un moyen bien simple, c'était de requérir lui-même la transcription au moment de sa demande et de faire la mention. Cette transcription, nécessitant des frais, les auteurs admettent généralement que le donateur n'a

qu'à faire inscrire sa demande sur le registre des trans-
criptions, et lorqu'on fera transcrire la donation, le
conservateur devra d'office reporter cette mention en
marge de la transcription (Demante, tome IV, p. 238).
C'est là un moyen pratique, mais qui n'est indiqué
nulle part dans la loi.

229. Cette mention de l'art. 4, doit être faite dans le
mois à dater du jour où le jugement a acquis l'autorité
de la chose jugée. On a discuté sur le sens de ces mots;
nous ne voulons pas entrer dans cette controverse qui
est peut-être en dehors de notre sujet; nous pensons
qu'il faut entendre par là l'époque où le jugement est
devenu irrévocable. Le législateur a voulu prévenir les
tiers, qu'un changement s'était opéré ; or, l'intérêt
n'existe que du jour où ce changement est bien certain et la situation bien déterminée.

## § 8. *Effet du défaut de la mention prescrite.*

230. D'après les termes de notre article, la formalité doit être requise par l'avoué qui a obtenu le jugement.

La disposition de cet article, tout à fait indépendante des autres, doit s'interpréter sans leur secours.
Or, cet article ne permet pas d'opposer au bénéficiaire
du jugement le défaut de la mention. Le silence de la

loi sur ce point, après la sanction qui venait d'être prononcée dans l'art. 3, ne peut être imputé à l'oubli. Ce n'est pas une sécurité de plus que la loi a voulu mettre en obligeant l'avoué, sous peine d'amende, à faire opérer la mention ; elle a remplacé la transcription des articles précédents, par une simple mention. C'est du reste ce qui résulte des travaux préparatoires. « La mesure imposée par l'art. 4, est un avertissement utile à donner aux tiers, que la transcription d'un acte pourrait tromper sur son existence apparente. Cependant comme aucun péril ne menace le bénéficiaire du jugement, il fallait assurer l'exécution de la mesure, par une pénalité contre l'officier ministériel. »

Dans la pensée du législateur, le bénéficiaire était donc à l'abri, c'est-à-dire que dans notre hypothèse, les tiers qui auraient traité avec le donataire, ne pourraient opposer au donateur ou à son ayant cause le défaut de mention du jugement prononçant la révocation de la donation.

231. Tel est le dernier état de notre législation sur cette matière. Le système de publicité est complet, nous nous permettrons cependant de lui adresser une légère critique. Il manque peut-être un peu d'unité.

Le Code civil protège tous les tiers intéressés, la loi de 1855 ne s'applique pas à tous. Cette différence s'explique très bien, il est vrai, étant donné qu'il ne s'agissait que d'une loi relative au système hypothécaire. Le Crédit foncier venait d'être fondé, il fallait favoriser son développement.

Une autre différence se fait sentir en matière de transcription des donations. Nous avons vu que d'après le Code, les donations constitutives de servitude, d'usage et d'habitation, n'étaient pas soumises à la transcription ; elles le sont d'après la loi de 1855. On arrive à ce résultat que les personnes pouvant opposer le défaut de transcription différeront, selon qu'il s'agira d'une donation d'usufruit ou d'une donation d'usage. Mais il était assez naturel au moment où la loi de 1855 fut promulguée, que l'on craignit de toucher à une œuvre aussi considérable que le Code civil. « Il ne s'agit pas, dit M. Suin, au Corps législatif, de porter sur le Code Napoléon une main sacrilège ; ses dispositions resteront intactes ; nous ne présentons que des dispositions additionnelles » (disc. de M. Suin, cons. d'Et. au C. lég. Exp. de mot. de la loi de 1855).

# POSITIONS

---

## DROIT ROMAIN

POSITIONS PRISES HORS DE LA THÈSE

I. Les pactes adjoints *in continenti* à une stipulation et *ad augendam obligationem* opèrent *ipso jure*.

II. A l'époque classique, la stipulation sous condition résolutoire était nulle.

III. La donation à cause de mort entre époux a toujours été permise, mais elle était essentiellement révocable par la volonté du conjoint donateur.

IV. La *condictio certi generalis* n'a jamais existé.

POSITIONS PRISES DANS LA THÈSE

V. Une donation exécutée en dehors des prescriptions de la loi Cincia ne donnait pas lieu à une *condictio ex injusta causa*.

VI. La donation non insinuée et exécutée fait naître au profit du donateur une action réelle.

---

## DROIT CIVIL



I. Dans le cas de donation avec charge, si le donataire n'exécute pas son obligation, le donateur peut, à son choix, demander la révocation de la donation ou exiger l'accomplissement des charges.

II. Le mineur émancipé peut, sans l'autorisation du conseil de famille, contracter par achat.

III. L'aveu judiciaire n'a force de présomption légale que dans l'instance où il a lieu; il ne conserve point cette force dans une instance ultérieure pendante entre les mêmes parties.

IV. La nullité de la vente de la chose d'autrui n'est pas ouverte de plein droit, par la ratification du véritable propriétaire, indépendamment du consentement de l'acheteur.

V. Les donations de servitudes ne sont pas soumises à la transcription par le Code civil, mais par la loi de 1855.

VI. La cession à titre gratuit d'une action en rescision pour lésion doit être transcrite.

VII. Un second donataire peut opposer le défaut de transcription.

VIII. Les tiers qui ont acquis un bien donné, de la personne chargée de faire transcrire, ne peuvent jamais opposer le défaut de transcription.

IX. La prescription de dix à vingt ans n'est pas applicable en matière de transcription, mais bien celle de trente ans.

## DROIT INTERNATIONAL PRIVÉ

L'étranger peut être tuteur en France.

## DROIT COMMERCIAL

Le failli ne peut acquiescer au jugement déclaratif de faillite.

## PROCÉDURE

La procédure de défaut profit-joint n'est pas admise devant les juges de paix.

## DROIT PÉNAL

L'admission des circonstances atténuantes appartient au jury, même lorsque les faits déférés à la Cour d'assises ne sont plus passibles que des peines correctionnelles.

Vu par le Président de la Thèse,
A. DUVERGER.

Vu par le Doyen de la Faculté,
CH. BEUDANT.

Vu et permis d'imprimer,
Le Vice-Recteur de l'Académie de Paris,
GRÉARD.

# TABLE DES MATIERES

---

## DROIT ROMAIN


Nᵒˢ

Introduction.
De la loi Cincia. — De l'insinuation . . . . . . . . . 1
Première partie. — De la loi Cincia.
Chapitre Iᵉʳ. — Qu'entendait-on par donation. . . . 2
  § 1. Comment doit se manifester l'intention libérale. 3
    A. Acte positif . . . . . . . . . . . . . . . 3
    B. Appauvrissement du donateur . . . . . . 6
    C. Enrichissement du donataire . . . . . . 7
  § 2. Comment on réalisait une donation . . . . 8
Chapitre II. — § 1. Mécanisme de la loi Cincia . . . 9
    A. Personnes exceptées . . . . . . . . . . 12
    B. Donation par dation . . . . . . . . . . 13
    C. Donation par un contrat *verbis* . . . . . . 16
    D. Donation par remise de dette. — Acceptilation. 18
    — Pacte *de non petendo* . . . . . . . . 19
    E. Donation par délégation . . . . . . . . 21
    F. Donation par cession de créance . . . . . 26
  § 2. But de la loi Cincia . . . . . . . . . . . 29
  § 3. Qui pouvait l'invoquer . . . . . . . . . 33
    A. Règle générale . . . . . . . . . . . 33

Nᵒˢ

B. Peut-elle être invoquée par les héritiers. — *Maxime morte Cincia removetur* . . . . . 36

§ 4. Effet de la loi Cincia . . . . . . . . . . 38

§ 5. Sous quelle forme on peut l'invoquer . . . . . 41

Chapitre III. — Second chef de la loi Cincia . . . . 43

Deuxième partie. — De l'insinuation.

Chapitre Iᵉʳ. — Modifications apportées à la législation des donations à partir de Constantin. . . . 44

Chapitre II. — Comment et où se faisait l'insinuation . 52

Chapitre III. — Quelles donations doivent être insinuées.

§ 1. Règle générale sous Justinien . . . . . . 58

§ 2. Exceptions . . . . . . . . . . . . . 60

§ 3. De quelques cas particuliers. . . . . . . 61

§ 4. Donations à cause de mort. . . . . . . 65

§ 5. Donations entre époux . . . . . . . . 68

§ 6. Donations rémunératoires . . . . . . . 69

§ 7. Donations *sub modo*. . . . . . . . . . 70

Chapitre IV. — Effets du défaut d'insinuation. . . . 71

§ 1. Voies de droit à employer . . . . . . . 73

A. Le donataire détient l'objet. . . . . . . 74

B. Le donataire ne détient plus l'objet . . . . 75

C. Le sénatus-consulte de Septime-Sévère et Caracalla sur les donations entre époux s'applique-t-il ici . . . . . . . . . . . . . 77

D. Effet à l'égard d'un tiers intervenu dans la donation. . . . . . . . . . . . . 80

Appendice. — De l'insinuation après l'invasion des barbares . . . . . . . . . . . . . 86

# DROIT CIVIL

### DE LA TRANSCRIPTION DES DONATIONS


N<sup>os</sup>

Première partie. — Ancien droit . . . . . . . . . . 93
§ 1. Quelles donations sont sujettes à l'insinuation. . - . . . . . . . . . . . . . . . 96
§ 2. Où doit être faite l'insinuation . . . . . . 102
§ 3. De la forme de l'insinuation. . . . . . . 104
§ 4. Qui peut opposer le défaut de l'insinuation. . 108
§ 5. Prescription . . . . . . . . . . . . . 113
§ 6. Rapprochement avec substitution. . . . . 114
Deuxième partie. — Droit intermédiaire.
§ 1. Période antérieure à la loi de brumaire . . . 118
§ 2. Loi de brumaire. . . . . . . . . . . 123
Troisième partie. — Législation du Code.
Chapitre I<sup>er</sup>. — Les dispositions du Code civil doivent-
elles être interprétées d'après les règles de
l'ancienne insinuation ou d'après celles de la
loi de brumaire. . . . . . . . . . . . 126
Chapitre II. — Dans quels actes la transcription est-
elle exigée.
§ 1. Principe de l'art. 939 . . . . . . . . . . 130
§ 2. Servitudes. — Usage. — Habitation . . . . 133
§ 3. Emphytéose . . . . . . . . . . . . . 135
§ 4. Actions immobilières . . . . . . . . . . 136
§ 5. Droits successifs. . . . . . . . . . . 140
§ 6. Donations avec modalités. . . . . . . . 141
§ 7. Donations par contrat de mariage. . . . . 144
A. Biens présents . . . . . . . . . . . . 144
B. Biens à venir . . . . . . . . . . . . 145

Nos

C. Biens présents et à venir . . . . . . . . . 146
§ 8. Donations entre époux . . . . . . . . . 150
   A. Donations pendant le mariage. . . . . . 150
   B. Donations par contrat de mariage . . . . . 153
§ 9. Partages d'ascendants. . . . . . . . . . 156
Chapitre III. — Où et dans quel délai doit être faite la transcription.
   A. Principe. . . . . . . . . . . . . . . . 157
   B. La transcription peut-elle être faite valablement après que le donateur est déclaré en faillite. . . . . . . . . . . . . . . . . 159
Chapitre IV. — Par qui peut et doit être faite la transcription.
  § 1. Qui peut la faire opérer . . . . . . . . . 162
  § 2. Qui doit faire transcrire . . . . . . . . . 164
   A. La femme a été autorisée en justice. . . . 165
   B. Le mari n'a pas l'administration des biens de sa femme. . . . . . . . . . . . . . . 166
   C. Donation à un mineur . . . . . . . . . . 170
   D. Donation faite par le tuteur . . . . . . . 172
   E. Responsabilité et recours . . . . . . . . 174
Chapitre V. — Effet du défaut de transcription. Qui peut l'opposer ?
  § 1. Principe . . . . . . . . . . . . . . . . 177
  § 2. Acquéreur à titre onéreux et créancier hypothécaire . . . . . . . . . . . . . . . 180
  § 3. Donataires postérieurs . . . . . . . . . 184
  § 4. Créanciers chirographaires . . . . . . . 192
  § 5. Légataires à titre particulier. . . . . . . 195
  § 6. Héritiers, légataires universels et à titre universel . . . . . . . . . . . . . . . . 197
  § 7. Personnes chargées de faire transcrire et leurs ayants cause. . . . . . . . . . . . . . 202
   A. Principe. . . . . . . . . . . . . . . . 202
   B. Successeurs à titre particulier. . . . . . . 204

Nos

§ 8. Donataire et ses héritiers. . . . . . . . 209

§ 9. Ceux qui avaient connaissance de la donation. 210

Chapitre VI. — Prescription. . . . . . . . . . 213

Appendice. — Les art. 1070 et 1072 modifient-ils les dispositions précédentes du Code. . . . . 215

Quatrième partie. — Influence de la loi du 23 mars 1855.

§ 1. Principe . . . . . . . . . . . . . . 217

§ 2. Servitude. — Antichrèse. — Habitation . . . 218

§ 3. Jugement prononçant la nullité ou rescision d'un acte transcrit. . . . . . . . . . . 221

§ 4. Révocation pour ingratitude . . . . . . . 222

§ 5. Demande en réduction . . . . . . . . . 226

§ 6. Application de l'art. 1167. . . . . . . . 227

§ 7. La donation n'a pas été transcrite. . . . . 228

§ 8. Conséquence du défaut de la mention prescrite. 230

Positions.


Paris. — Imprimerie MOQUET, rue des Fossés-St-Jacques, 11